KB271421

도와제
道

◉ 증산도상생문화총서 007

도道와 제帝

초판발행 : 2010년 12월 4일

글쓴이 : 원정근

펴낸이 : 안중건

펴낸곳 : 상생출판

주소 : 대전광역시 중구 선화동 289-1번지

전화 : 070-8644-3161

팩스 : 042-254-9308

E-mail : sangsaengbooks@sangsaengbooks.co.kr

출판등록 : 2005년 3월 11일(제175호)

배본 대행처 / 대원출판

ⓒ 2010 상생출판

가격은 뒤표지에 있습니다.

이 책에 수록된 자료의 저작권은 증산도상생문화연구소에 있습니다.

파본은 서점에서 교환해 드립니다.

ISBN 978-89-94295-15-2

ISBN 978-89-94295-1-4(세트)

《 도와 제 》 ·················· 원정근 지음

들어가는 말

개천절 노래에 "우리가 물이라면 새암이 있고 우리가 나무라면 뿌리가 있다. 이 나라 한아바님은 단군이시니 이 나라 한아바님은 단군이시니"라는 가사가 있다. 모든 생명에는 근원과 근본이 있다는 뜻이다. 하지만 샘물을 벗어난 시냇물이나 뿌리에서 갈라진 줄기와 가지는 각기 그 생명의 고향에서 점차 멀어지기 마련이다. 사람들 사이에서 끊임없는 투쟁과 반목이 일어나는 근본이유는 생명의 참모습을 알지 못한 데서 비롯된다. 모든 사람이 한 샘물이나 한 뿌리에서 갈라져 나온 생명체임을 똑바로 인식하지 못하기 때문에 세계와 인간의 관계가 마냥 파국으로 치달리고 있는 것이다.

우리 시대 인류가 풀어나가야 할 가장 중요한 화두의 하나는 생명의 문제이다. 갈수록 악화되어 가고 있는 생태계의 위기와 비약적으로 발전한 생명공학의 광폭한 질주는 생명의 본질에 대한 깊은 반성과 통찰을 요구하고 있다. 오늘날 현대문명이 안고 있는 여러 가지 문제점은 따지고 보면 생명의 근원적 고향이 무엇인가 하는 문제와 매우 밀접한 연관성을 맺고 있다. 문제의 관건은 인간이 근원적으로 돌아가야 할 생명의 참 고향을 잊어버리고 또 잃어버린 채 살고 있다는 사실이다.

하이데거(1889~1976)가 말한 것처럼, 우리가 살고 있는 지금 이 시대는 생명의 근원적 고향을 잃고 정처 없이 방황하는 '고향상실의 시대'이자 '고향망각의 시대'이다. 산행을 자주 하다가 보면 인적이 드문 외딴 산길을 홀로 걸을 때가 있다. 사람들이 많이 다니지 않는 곳에서는 등산로의 표시가 뚜렷하지 않은 곳이 많기 때문에 한눈을 팔다가는 금방 길을 잃어버리기 십상이다. 만약 산길을 걷다가 길을 잃었다면, 어떻게 해야 할까? 왔던 길로 다시 되돌아가는 것이 최선의 방책이다. 그렇다면 우리는 어떻게 삶의 진정한 고향을 찾아 되돌아갈 것인가?

모든 철학과 종교의 궁극적 목표는 삶의 진정한 고향을 찾는데 있다. 아득한 옛날에 모든 가르침의 원천이었던 신교의 황금시기가 있었다. 모든 생명은 삼신상제의 보살핌에 따라 공동체의 통일적 조화 속에서 개체의 독자적 자유를 맘껏 누리고 살았다. 삼신상제는 우주만물의 궁극적 존재근원인 도와 그 도에 근거하여 발현되는 혼논의 기운을 통해 모든 생명을 조화造化하고 교화敎化하며 치화治化하였던 것이다. 그러나 우리는 지금 그 태고의 황금문명을 잃어버리고 말았다. 태고의 황금문명이야말로 우리가 돌아가야 할 생명의 본향이다.

이 책은 동아시아 사상사에서 도道와 제帝의 관계가 어떤 역사적인 변천과정을 겪어왔고, 그 의미는 어디에 있는가를 살펴보려고 한다. 도道와 제帝의 관계에는 인류의 진정한 고향으로 돌아가는 길이 무엇인가 하는 문제가 담겨 있다. 다시 말해 인간이 어떻게 우주만물의 근원인 도道와 도道의 주재자主宰者인 상제上帝와 하나가 되어 이 세상을 태고의 황금시절로 되돌릴 수 있는가 하는 것이다. 왜냐하면 도와 도의 주재자는 이 땅위에서 인간이 우주적 이상세계를 실현할 수 있는 근원적 구심점이기 때문이다. 따라서 오늘날 우리가 지상에 이상세계를 구현하기 위해서는 무엇보다 먼저 도와 도의 주재자에 관계에 대한 새로운 인식과 발상의 전환을 모색해야 하는 것이다.

去歲去하고 來歲來하리니 有限時하여 萬方春이라.
선천세상 가고 후천세상 들어오리니 정한 그 때 이르면 온 누리에 봄이 찾아오리라.(『도전』 5:344:5)

차 례

옥황대제玉皇大帝
천지, 삼계, 시방세계의 만령을 진실로 거느린다(天地三界十方萬灵真率)

Chapter 1
왜 도道와 제帝가 문제인가

오늘날 서구의 현대신학은 막다른 골목길에 접어들고 있다. 서구신학은 신을 우주만물을 떠나서 따로 존재하는 초자연적 실체로 설정함으로써 우주만물의 생성과 변화의 과정을 합리적으로 설명하기 어려운 난점을 내포하고 있기 때문이다. 20세기 현대의 서구신학은 이런 한계성을 돌파하기 위한 방안으로 신의 초월성과 내재성의 긴장관계를 해소하려고 여러 가지 측면에서 노력하였다. 20세기 서구신학의 중심과제는 바로 신의 초월성과 내재성의 관계를 어떻게 설정할 것인가 하는 문제였다.[1]

---

1 스탠리 그렌츠외, 신재구 옮김, 『20세기 신학』(서울: 2000, 한국기독학생회출판부), 12쪽.

A. N. 화이트헤드(1862~1947)는 20세기 자연과학적 성취를 철학적으로 수용하는 한편, 전통 신학의 난제를 비판적으로 성찰하는 가운데 21세기 새로운 문명에 부응하는 현대신학의 발판을 마련했다. 그는 서구의 전통적 신관의 문제점을 날카롭게 비판하고 신의 초월적 본성과 내재적 본성의 관계를 중심으로 서구 신학을 새롭게 해석했다. 이후 화이트헤드의 연구자들은 화이트헤드의 철학을 참고하는 가운데 이른바 '과정신학process theology'이라는 새로운 신학을 성립시키면서 21세기 새로운 문명의 전환을 적극적으로 모색하는 중이다.

하지만 동아시아 철학에서는 일찍이 자연과 신학의 관계에 대한 다양한 논의를 전개했다. 크게 보아 두 가지 서로 다른 관점과 시각이 있다. 하나는 '천天'과 '제帝'의 관계이고, 다른 하나는 '도道'와 '제帝'의 관계이다. 일반적으로 천과 제의 관계는 주로 유가를 중심으로 전개되고, 도와 제의 관계는 주로 도가와 도교를 중심으로 전개된다. 시대의 흐름과 학파의 관점에 따라 각기 '천', '도', '제' 등의 함의를 달리하기에 양자의 관계를 바라보는 시각차를 보인다. 그러나 양자의 관계는 대체로 우주만물의 궁극적 존재근거와 그 주재자와의 관계를 어떻게 설정한 것인가 하는 문제로 집약된다.

고대 중국에서 도와 제의 관계문제를 처음으로 제기한 것은 노장老莊이다. 그러나 노장은 양자의 관계에 대해 명확하게 언급하지 않고, 단지 도를 중심으로 제를 비롯한 우주만물의 존재근거와 변화과정을 해명하는 데 치중하였다. 장자에서 본격적으로 시작된 기氣사상은 이후 도와 제의 관계를 바라보는 새로운 시각을 제공한다. 그것은 기화론氣化論의 사유방식이 도와 제의 관계를 연결하는 중심고리의 역할을 하기 때문이다.

도교는 노장에서 비롯된 도가사상을 계승하여 도道와 기氣와 제帝의 삼각관계로 설정함으로써 문제의 시야를 더욱더 확대한다. 도교의 신 계보에서 신은 대도의 화신으로서 온갖 생명의 존재근거인 도와 근원적 생명력인 기를 어느 정도 완벽하게 구현했는가에 따라 그 위계질서가 결정된다. 이는 도道의 자연성과 기氣의 조화성과 제帝의 주재성의 관계를 이떻게 볼 것인가 하는 문제의식에서 출발한다. 그런네 노교는 이론이 점차 징돈되고 체계화되는 과정에서 우주만물의 주재자를 내단수련을 위한 기본진제로 받아들이는 데 치중함으로써 주재자의 주재성을 현저히 약화시키는 양상을 드러낸다.

신교문화를 담지하고 있는 한민족의 대표적인 역사서인 『환

第四 　桓檀古記 　七十五

君君請爲我陳道乎對曰道乃大原出乎三神也道既無
對無稱有對非道也道有稱亦非道也道無常道而隨時乃道

三神五帝本紀第一

表訓天詞云大始上下四方曾未見暗黑古往今來只一
光明矣自上界却有三神即一上帝主体則爲一神非各
有神也作用則三神也三神有引出萬物統治全世界之
無量智能不見其形體坐次最上之天所居于...意

六德之歌以美之翌年三月安民縣甘露降禮官啓請賀
儀從之是月十六日祭三神一體上帝于西鴨綠河之上
西鴨綠豪離古國地也十九年帝崩廟號曰光宗諡驍曰

「대진국본기」 "삼신일체상제" (左)
「삼신오제본기」 "自上界, 却有三神, 卽一上帝, 主體卽爲一神, 非各有神也, 作用卽三神也." (中)
「삼신오제본기」 "道之大源 出於三神也." (右)

단고기』에는 우주만물의 주재자를 '삼신일체상제三神一體上帝'2
라 부르고 있다. 최고의 주재자는 한 분의 상제이지만, 작용을
할 때에는 셋―천일天一(조화신造化神), 지일地一(교화신敎化神),

---

2 『태백일사』, 「대진국본기」

태일太一(치화신治化神)—으로 나누어져 활동한다는 말이다. 이
는 우주가 본래 하나이지만, 천지인 셋으로 갈라져서 작용하는
것과 같은 이치이다. 이런 사유방식은 일 안에 삼이 들어 있고
삼이 모여 일이 되는 '집일함삼執一含三'과 '회삼귀일會三歸一'의
'삼일론三一論'에 기초한 것이다.[3]

『태백일사』「삼신오제본기」에 따르면, 우주만물의 존재근
원인 도는 삼신상제에 근거해서 나온다. "도의 큰 근원은 삼신에
서 나온다"[4]가 바로 그것이다. 또한 『태백일사』「소도경전본훈」
에는 삼일론의 사유방식에 근거하여 삼신三神과 일기一氣의 관
계를 설명하고 있다. 일기는 우주생명의 역동적 존재근원이고,
삼신은 일기에 포함되어 있으면서 일기의 작용을 통해 자신을
드러낸다.[5] 따라서 일기는 삼신상제가 우주만물과 더불어 서로
소통하고 융합하게 하는 매개작용을 수행하는 것이다.

문제는 한민족의 삼신상제론이 조선조에 들어와서 성리학
이 주류를 이루면서 오랫동안 잊혀지고 사라진다는 점이다. 조

---

[3] 『태백일사』, 「삼신오제본기」. "自上界, 却有三神, 卽一上帝, 主體卽爲一神, 非各
有神也, 作用卽三神也."
[4] 『태백일사』, 「삼신오제본기」. "道之大源出於三神也."
[5] 이권, 「선도의 두 가지 패러다임-이분법과 삼분법」(『제1차 선&도 국제학술대회
집』, 2009), 9쪽.

선의 성리학에서도 같은 결과를 빚는다. 조선조 성리학은 신의 위격을 상대적으로 약화시켰다. 왜냐하면 조선의 성리학은 인간의 주체성을 지나치게 강조한 나머지 상제의 위격을 공부론을 전개하기 위한 전제로 삼는 경향이 짙기 때문이다. 신의 문제를 새로운 차원에서 본격적으로 논의한 것은 다산茶山 정약용丁若鏞(1762~1836)이다. 다산은 서교의 신관에 영향을 받아 유교의 시각에서 차용함으로써 천天과 제帝의 문제를 새롭게 제기한다. 이는 선진先秦의 원시유학에서 등장하는 천과 제의 관계를 시대에 맞게 다시금 조명한 것이다.

19세기 후반 한국 사상사에서 인류문명의 틀에 대한 아주 획기적인 담론체계가 일어난다. 그것은 인간사회의 문명질서뿐만 아니라 우주만물의 자연질서까지도 바꾸려는 거대담론의 틀이다. 그 거대담론이 바로 개벽 세상에 대한 후천개벽後天開闢의 담론이다. 조선 후기 후천개벽의 담론은 '판'의 전환과 밀접한 관계가 있다. 여기서 판은 인간사회의 문명질서를 포함한 우주만물의 자연질서가 이루어지는 우주생명의 한 마당을 말한다. 개벽사상가들은 문명판뿐만 아니라 자연판까지도 변화시키려는 것이다. 이는 지금까지 인류가 전혀 생각하지 못했던 전대미문前代未聞의 담론으로서, 인류문명의 새로운 변혁과 전환의 가능성을 예고한다. 그렇다면 조선의 선각자들이 제시한 후천개벽의 담론은 오늘날 현대문명의 문제점을 근본적으로 진단하고 처방하는 데 어떤 방향키가 될 수 있는 것일까?

후천개벽의 담론이 중요한 의미를 지니는 것은 바로 문명질서뿐만 아니라 그것의 근원이자 토대인 자연질서의 변화가능성까지도 시사하고 있기 때문이다. 이는 현대철학에서도 매우 중요한 문제이다. 현대문명은 총체적 위기상황을 맞고 있다. 인간과 문명뿐만 아니라 자연 그 자체까지도 치유 불가능한 중병을 앓고 있기 때문이다. 이런 현대문명의 한계상황에 직면하여 많은 사람들은 문명질서뿐만 아니라 자연질서까지도 근본적으로 개혁시키지 않고서는 새 세상을 열어갈 수 없다는 사실에 암묵적이든 명시적이든 동의하고 있다.

개벽사상에 대한 새 담론은 도道와 제帝의 관계에서 출발한다. 흥미롭게도 도와 제의 관계에는 인류문명의 패러다임의 전환이 어떻게 가능한가 하는 물음이 담겨 있다. 왜냐하면 조선후기 선각자들은 새로운 문명의 전환을 주도하는 데 있어 모든 것을 하나로 포괄할 수 있는 무극대도와 무극대도의 주재자인 제帝의 위치와 역할을 강조하기 때문이다. 그런데 여기서 우리가 주목해야 할 것은 조선 후기에 무극대도를 주재하는 상제관을 제시함에 있어서 고대 한민족의 신교문화의 삼신상제론에 근거하고 있다는 점이다.

일부一夫 김항金恒(1826~1898)은 『정역』에서 기존의 역철학과는 달리 '후천의 도'와 '화무상제化无上帝'의 관계를 중심으로 선후천의 변화원리를 제시한다. 그는 자연세계뿐만 아니라 인간세상까지도 지금까지와는 판이하게 다른 '용화세월龍華歲月'과 '유리세계琉璃世界'의 이상사회가 도래한다는 주장을 펼쳤다. 시공질서의 새로운 전환으로 인간질서의 거대한 변혁을 꾀한다.

김일부와 동시대를 살았던 동학의 창시자 수운水雲 최제우崔濟愚(1824~1864)는 목숨을 건 수도를 통해 천상의 상제로부터 직접 새 세상을 열 수 있는 무극대도의 가르침을 받는다. 후천 5만 년의 새 질서가 머지않은 장래에 열리는데, 그 천지대운을 열 수 있는 도가 바로 무극대도라는 것이다. 수운은 이 무극대도에 의해 인류문명의 새 지평이 전개된다고 본다. 태초에 천지가 개벽된 이래로 다시 새로운 개벽이 일어난다는 '다시 개벽'[6]이 바로 그것이다. 문제는 수운이 상제로부터 전해 받은 무극대도를 가지고, 지상신선의 이상낙원이 열린다는 것을 예고만 했을 뿐 구체적으로 어떻게 새 개벽세상을 열 수 있는 것인지에 대해 확고

---

6 『용담유사』, 「안심가」

한 방향타를 제시하지 못했다는 점이다.

도道와 제帝의 관계를 포괄적으로 해명한 것은 증산도이다. 증산도에서 도와 제의 관계는 우주만물의 존재근거와 인격적 주재자의 관계를 어떻게 설정할 수 있는가 하는 문제이다.[7] 증산도에서 도道는 유불선의 동도東道와 서도西道를 초월하면서도 동시에 포함하여 동서문화를 하나로 융합하려는 무극대도의 특성을 지니고 있다. 또한 증산도에서 제帝는 천상에서 우주만물을 통치하는 주재자이면서도 동시에 인간으로 지상에 강세한 인존상제라는 이중적 특성을 지니고 있다.

증산도에서 도道는 인간을 포함한 온갖 사물의 신묘한 변화작용을 일으키는 천지조화의 무극대도이고, 제帝는 천지조화의 무극대도를 주재하면서 그 무극대도의 이상을 실현하려는 조화의 주인으로서 옥황상제이다. 주목해야 할 것은 증산도에서 도道와 기氣와 제帝의 삼각관계는 심계내권의 조화권능을 지닌 조화주가 천지와 인간의 조화력을 바탕으로 선천세계의 구천지와 구문명을 새롭게 개조함으로써 후천의 조화선경을 구축하는 데 그 궁극적 목표가 있다는 점이다. 증산도에서 도道와 도道의 주재자의 관계문제는 궁극적으로 인존세상을 지향하고 있다.

---

7 안경전, 『개벽 실제상황』(서울: 대원출판사, 2005), 262쪽.

왜냐하면 후천의 조화선경은 인간이 모든 일을 자유자재로 주관하는 실천의 주체가 되어 인존상제가 제시한 무극대도를 가지고 자연질서와 문명질서를 동시적으로 전환시키는 데서 비로소 현실화될 수 있기 때문이다.

우리는 노자에서 증산도에 이르는 도와 제의 관계를 살펴봄으로써 서구 현대신학이 봉착한 한계점을 극복할 수 있는 새로운 인식과 발상의 전환을 꾀할 수 있을지도 모른다. 그리고 도와 제의 관계에 대한 논의가 인간을 포함한 천지만물을 정복하고 지배하려는 데 혈안이 되어 있는 현대문명을 그 뿌리에서부터 반성하여 온 생명이 독자적 자유와 공동체적 화해를 동시에 누릴 수 있는 이상적 꿈의 문명인 조화선경을 여는 데 결정적인 계기와 원동력을 제공할 수 있을지도 모른다. 여기에 우리가 도와 제의 관계를 문제로 제기하는 그 이유가 있다.

Chapter 2
도가道家의 도道와 제帝

고대 동아시아의 범주 계통에서 도와 제는 매우 중요한 의미를 갖고 있다. 왜냐하면 양자는 제각기 철학과 신학의 핵심범주에 해당하기 때문이다. 도와 제는 각기 시대의 흐름이나 학파의 특성에 따라 서로 다른 의미를 지니고 다채롭게 전개되었다. 그리기에 도와 제의 특성을 한마디로 단정하여 말하기는 어렵다. 우리는 도와 제가 구체적으로 어떤 관계를 지니고 있는 것인가를 파악하기에 앞서 도와 제가 각기 어떤 연원을 지니고 있는가를 살펴보기로 한다.

도道는 동아시아 철학의 핵심개념이다. 동아시아 철학의 주류를 이루는 도교와 유교와 불교는 각기 길을 달리하기는 했지만, 모두 도道를 그 중심사상으로 삼고 있는 측면에서는 같은 길을 걸었다. 이 세상에 뿌리 없는 나무는 없고, 샘 없는 물은 없다. 모든 것에는 그 근본과 근원이 있기 마련이다. 도의 출현도 그 연원이 있다.

은주시기殷周時期 금문에 이미 도라는 글자가 나타나는데, 사람이 다니는 길을 뜻한다. 『역경』의 괘사와 효사에는 도道라는 글자가 네 번 나오는데, 은주시기의 금문처럼 모두 길을 뜻한다. 『시경』에서는 도道를 사람이 다니는 길로 보면서도 사람의 도리와 방법이란 의미로 좀더 확대된다. 『서경』에서는 주로 왕도와 법칙이라는 의미로 사용된다. 『좌전』과 『국어』에서는 도道를 '천도'와 '인도'로 구분하여 자연법칙과 사회규율 등의 의미가 더해지면서 점차 추상화되는 경향을 보인

옥황대제 존상

다.[8]

　제帝는 동아시아 신학의 중심개념이다. 고대 동아시아에서 우주 만물의 주재자를 뜻하는 것은 '제' 또는 '상제'이다. 시라카와 시즈카白川靜는 '제'라는 글자를 궁극적 주재자인 '상제'에게 제사를 드리는 제단의 형상을 본떠서 만든 것이라고 한다.[9] 은대의 갑골문에서 분명하게 드러나고 있는 것처럼, 은나라 사람들은 '제' 또는 '상제'를 우주만물의 지고신으로 섬겼다. 은의 상제는 은의 지고신일 뿐만 아니라 은족의 조상신이었다. 은대의 복사 금문에 '상하제上下帝'의 개념이 나온다. 상제는 천상의 지고신을 말하고, 하제는 은왕이 자신의 생부를 일컫는 말로서 직계 선왕을 가리킨다.[10] 이는 천상의 상제와 지상의 하제를 하나로 연결시키는 사유방식이다.

　주나라는 은나라의 상제를 자신의 상제로 삼으면서도 점차적으로 '제' 또는 '상제'를 '천'으로 대체한다.[11] 그러나 주나라의 '천'에는 은을 포함한 각 종족의 시조신을 포괄되어 있는데, 이는 주나라가 모든 종족을 대표하고 있음을 보여주는 증거이다.

---

8 장립문, 권호 옮김, 『도』(서울: 동문선, 1995), 19-26쪽.

9 금장태, 『귀신과 제사-유교의 종교적 세계-』(서울: 제이앤씨, 2009), 14쪽.

10 王暉, 『商周文化比較研究』(北京: 人民出版社, 2000), 20쪽.

11 王暉, 앞의 책, 18쪽.

주나라에서는 같은 최고신을 다르게 표현하는 '상천上天'과 '상제上帝'에 대한 신앙[12]을 함께 하면서도 '천'과 '제'의 관계를 교묘하게 합치시키려는 새로운 경향이 나타난다.

『시경』「대아·운한」에 '호천상제昊天上帝'라는 개념이 나온다. 호천[13]은 정현鄭玄(127~200)이 말하는 것처럼, 하늘의 큰 호칭이다. 상제는 천상세계의 황제라는 뜻이다. 호천상제는 줄여서 상제라고 하기도 한다. 『서경』「소고」에는 '황천상제皇天上帝'라는 개념이 나온다.

또한 위서緯書인 『춘추합성도』에 '천황대제天皇大帝'가 나온다. 『춘추합성도』는 "천황대제는 북극성이다"[14]라고 하는데, 이는 북극성을 신격화한 것이다. 정현이 『역위건착도』에서 '태일太一'을 북극성으로 보고 있는 것으로 미루어 볼 때, 천황대제는 한漢나라 초에 최고신으로 신격화된 '태일신太一神'을 말하는 것이라고 볼 수 있다. 정현의 스승인 마융馬融(79~166)도 『서경』에 나오는 '상제'를 태일신으로 보고 있다.[15]

---

12 淺野裕一, 『古代中國の宇宙論』(東京: 岩波書店, 2006), 3쪽.

13 정약용은 『周禮』「大宗伯」에 나오는 '호천 상제'에 대한 주석을 달면서 '호천'을 상제의 정식 호칭(正號)이라 보고, 상제를 일컫는 다른 호칭들인 '황천皇天', '민천旻天', '황황皇皇' 등은 상제의 별호別號로 본다. <금장태, 앞의 책, 15쪽.>

14 "天皇大帝, 北辰星也."

15 福永司光, 「昊天上帝, 天皇大帝和元始天尊-儒敎的最高神和道敎的最高神-」

유교와 도교는 각기 지고신에 대한 호칭을 달리하였다. 유교는 『시경』에 나오는 호천상제를 상제의 정식 명칭으로 삼는다. 『주례』「춘관·대종백」에 "인제사禋祭祀로 호천상제에게 제사를 드린다"[16]라고 하여, 호천상제에게 제사를 올린 기록이 있다. 천상세계를 주재하는 호천상제에 대한 의례는 지상세계를 통치하는 제왕이 몸소 직접 주관해야 하는 나라의 중대사이다. 호천상제에 대한 제사는 서한 평제 원시 5년(5)에 『주례』를 중시한 왕망의 건의에 의해 국가의례로 제도화되어, 동한 광무제 건원 2년(26)에는 낙양성 남쪽에서 제사를 지낸 뒤 국가의례로 확고하게 정착된다. 이후 여러 가지 변화과정을 거치기는 하지만, 호천상제에 대한 의례는 역대왕조에서 변함없이 계승된다.[17]

반면, 도교는 초기에는 '태상노군', '태상도군', '원시천존' 등을 최고신으로 삼는다. 그 뒤 '삼청존신'이 도교의 최고신으로 확고하게 자리를 잡는다. 송대 이후 도교의 신 계보에서 최고 신격으로 자리를 잡는 것은 '옥황상제玉皇上帝'이다. 송대에서 옥황

(『道家文化硏究』第5輯: 上海古籍出版社, 1994), 353-367쪽. 송나라 초기의 『태평어람』에는 『오경정의』를 인용하면서 천황대제의 다른 이름이 태일이라는 사실을 분명하게 밝히고 있다. 劉堯漢, 「中國歷代"太一神"與彝族虎圖騰」(『中國宗敎: 過去與現在』, 北京大學出版社, 1992.), 179쪽을 참조바람.

16 "以禋祀祀昊天上帝."

17 福永司光, 앞의 글, 362-366쪽.

상제는 유교의 호천상제와 함께 국가의례의 대상으로 승격된다. 그런데 송대에서 옥황상제가 다시 국가의례에서 제외됨으로써 이후에는 민간 신앙으로 밀려난다. 하지만 송대 이후 명청시대의 민간신앙에서 옥황상제가 유불선을 총괄하는 천계의 최고 신으로 숭앙되면서 오늘에까지 이어지고 있다.

1) 노자

고대 중국의 도道와 주재자에 대한 새로운 사유의 길을 개척한 것은 노자이다. 노자는 고대의 신화사유를 바탕으로 도道를 제시하고, 기존의 전통적 지고신과의 관계를 새롭게 설정한다. 『노자』 「4장」에 도와 제의 관계에 대한 다음과 같은 논술이 있다.

> 도는 텅 비어 있으니, 아무리 써도 다하지 않는 듯하도다. 깊구나! 만물의 근원 같도다. …… 그윽하도다! 있는 것 같구나. 내 누구의 자식인지 알지 못하노니, 아마도 상제보다 앞서는 듯하도다.[18]

노자에서 도와 제의 관계는 우주만물의 자연성과 지고신의

---

18 樓宇烈, 『老子‧周易王弼注』(臺北:華正書局, 1983), 10쪽. "道沖而用之或不盈, 淵兮似萬物之宗. ……湛兮似或存. 吾不知誰之子, 象帝之先."

주재성의 관계를 어떻게 볼 것인가 하는 문제이다. 노자는 제帝를 비롯한 모든 사물이 도道에 근거하여 이루어진다는 사실을 강조한다. 하지만 여기서 우리가 주목해야 할 점은 노자가 우주만물의 궁극적 주재자로 설정되던 제帝의 실재성을 부정하고 있는 것은 아니라는 사실이다.

그동안 노장의 주석가들은 대부분 신화적 상상력의 부족으로 인하여 노장이 도道의 범주를 가지고 우주만물의 생성과 변화의 과정을 합리적으로 설명하기 위해 제帝의 실재성을 부정한 것으로 해석하였다. 하지만 노자는 그 당시의 인격적 주재자의 실재성을 인정한 바탕 위에서 우주만물의 존재근원인 도道를 제시함으로써 우주만물의 생성과 변화의 역동적 과정을 이전보다 더 합리적으로 설명하려고 했다. 단지, 아쉬운 점은 노자가 도와 제의 관계를 분명하게 설명하지 않고 있다는 점이다.

노자의 도는 신화사유에 그 뿌리를 두고 있다. 도의 개념은 아침에 떠서 저녁에 지고 낮과 밤의 변화를 이루면서 반복과 순환을 거듭하는 해와 달의 운행법칙을 추상화한 것이다.[19] 원시인들은 생명의 두 가지 근원인 해와 달의 주기적인 교체운동에서 영원한 법칙을 찾았다. 오늘날 우리는 원시인들과는 달리 추

---

[19] 섬서헌, 노승현역, 『노자와 신화』(서울: 문학동네, 2003), 85쪽.

상적인 ‘도’의 개념을 통해 영원한 생명력을 지닌 해와 달의 운행을 재해석하는 것이다. 『역경』에서 “한 번은 음이 되고 한 번은 양이 되는 것을 도라고 한다”[20]라고 하는 것처럼, 두 가지 서로 다른 대립면이 전환하는 가운데서 통일성을 이루는 것이 바로 ‘도’이다.

노자의 도는 모순과 역설의 특성을 지닌다. 노자는 도를 ‘모양 없는 모양’(무상지상無狀之狀)을 지닌 것으로 파악한다.

> 보아도 볼 수 없는 것을 이라 하고, 들어도 들을 수 없는 것을 희라 하며, 잡으려 해도 잡을 수 없는 것을 미라 한다. 이 세 가지는 따져서 캐물을 수 없으므로 섞어서 하나로 여긴다. 그 위는 밝지 않고 그 아래는 어둡지 않다. 이어지고 이어져서 이름 붙일 수 없고 다시 사물로서 따로 존재함이 없는 데로 돌아가니, 이를 모양 없는 모양과 사물 없는 형상이라 한다. 이를 황홀이라 한다.[21]

도道는 보려고 해도 볼 수 없고, 들으려 해도 들을 수 없으며, 만지려 해도 만질 수 없다. 도道는 그 어떤 고정된 모양을 따로 지니고 있는 것이 아니기 때문에 인간의 감각작용을 통해 파지

---

20 “一陰一陽謂之道.”

21 樓宇烈, 앞의 책, 31-32쪽. “視之不見名曰夷, 聽之不聞名曰希, 搏之不得名曰微. 此三者不可致詰, 故混而爲一. 其上不曒, 其下不昧, 繩繩不可名, 復歸於無物, 是謂無狀之狀, 無物之象, 是謂恍惚.”

할 수 없다. 도道는 모든 사물을 하나로 융합하는 유기적 통일성의 방식으로 자신의 모양을 지닌다. '모양 없는 모양'이 바로 그것이다. 따라서 도道는 사물처럼 고정화하거나 실체화하여 파악할 수 없다. 그 어떤 모양을 따로 지니고 있지 않은 것을 어떻게 대상화하여 파악할 수 있겠는가?

노자에서 도는 모든 사물을 서로 차이 나게 하면서도 하나로 접목시키는 양가성을 지니고 있다.[22] 노자는 도를 '무'와 '유', '무형'과 '유형', '무명'과 '유명', '무욕'과 '유욕' 등의 양면성을 지닌 혼돈의 상태(현玄, 현동玄同, 혼성混成)로 파악한다. 따라서 노자의 도를 사물의 범주로 한정하는 것은 실체화의 오류를 저지르는 것이다.

노자사상에서 '도'의 원형은 해와 달이 반복과 순환을 통해 끊임없이 운동하는 데 있다. 노자사상은 '도'의 상태로 복귀('귀歸'와 '반反'과 '복復')하는 것을 궁극적 목표로 삼는다. 『노자』 「40장」에는 "돌아가는 것은 도의 움직임이요, 약한 것은 도의 쓰임이다"[23]라고 하여, 도의 운동법칙을 생명의 근원으로 복귀하는 것으로 본다.

---

22 김형효, 「데리다를 통해 본 노장의 사유문법」(『노자에서 데리다까지』, 예문서원, 2001), 271쪽.
23 樓宇烈, 앞의 책, 109쪽. "反者道之動; 弱者道之用."

노자는 이런 도의 운동법칙을 전제로 하여 복귀의 중요성을 다음과 같이 역설한다. "복귀어무물復歸於無物"[24], "귀근歸根"[25], "귀어영아歸於嬰兒"[26], "귀어무극歸於無極"[27], "귀어박歸於樸"[28] 등이다. 노자의 복귀사상은 생명의 근원으로의 회귀를 강조하는 것으로 원시인들의 순환적 시공간을 전제로 한다.

노자는 모든 사물의 가장 완전한 상태인 '옛 시작'(古始), 즉 '최초의 완전함'으로 회귀하려고 한다.[29] 우주의 관점에서 보면, 모든 사물이 분화되기 이전의 혼돈의 상태인 '일一'으로의 회귀이다. 사회의 관점에서 보면, 인간과 인간이 갈등과 대립을 빚기 이전의 '소국과민'의 이상사회로 복귀이다. 인간의 관점에서 보면, 어머니 뱃속에서 막 태어나던 '갓난아이'로의 복귀이다. 이런 노자의 귀환적 사유는 '영원회귀永遠回歸'의 신화에 바탕을 둔 것으로, 원시의 자연과 인간의 문명 사이에 소통의 다리를 놓으려는 것이다.

---

24 『노자』14장

25 『노자』16장

26 『노자』28장

27 『노자』28장

28 『노자』28장

29 섬서헌, 노승현역, 앞의 책, 150쪽.

2) 장자

장자는 노자의 사유체계를 그 나름의 방식으로 계승한다. 장자에서 도는 노자와 같은 점도 있고 다른 점도 있다. 하지만 양자는 모두 도를 우주만물의 궁극적 근거로 보고 있는 측면에서는 서로 다르지 않다. 장자는 노자와 마찬가지로 도의 모순과 역설의 특성에 주목하여[30] 도를 '형체 아닌 형체'(불형지형不形之形)를 지닌 것으로 규정한다.

장자가 도의 양가성에 주목한 것은 무엇 때문일까? 장자의 '형체 아닌 형체'에서 앞의 '형체 아닌' 것은 모든 생명이 따로 떨어져 있는 것이 아니라 하나로의 관계적 통일성을 지니고 있다는 뜻이고, 뒤의 '형체'는 온갖 생명이 하나로의 통일적 관계망 속에서 독자적인 모양을 지니고 있다는 뜻이다. 장자가 도의 양가성에 주목한 것은 모든 생명이 자신의 참모습을 직시하여 제각기 독자적인 자유를 만끽하면서도 도의 통일적 관계망 속에서 우주적 화해를 이룰 수 있는 존재론적 근거를 마련하기 위한 것이다.[31] 이런 도의 사유는 양극단의 대립과 갈등을 지양함으로

---

30 원정근, 「모순과 역설로 보는 『장자』철학의 특성」(『철학연구』제22집, 고려대 철학연구소, 1994), 131쪽.

31 원정근, 「왜 노장의 생명사유인가」(『전통사상과 환경』, 경기대학교 소성학술

써 존재의 차별화와 가치의 위계화를 방지하기 위한 것이다.[32]

그렇다면 장자는 도와 제의 관계를 어떻게 보는 것일까? 장자는 「대종사」에서 도와 제의 관계를 다음과 같이 설명한다.

무릇 도는 실정이 있고 미더움이 있으나 함이 없고 형체가 없으니, 전할 수는 있으나 받을 수 없고 체득할 수는 있지만 볼 수는 없다. 스스로 밑둥이 되고 뿌리가 되어 하늘과 땅이 있기 이전에 예로부터 본래 존재하는 것이다. 귀신과 제를 신묘하게 하고 하늘과 땅을 생겨나게 한다. 태극에 앞서 존재하면서도 높게 여기지 않고 육극六極의 아래에 있으면서도 깊게 여기지 않으며, 하늘과 땅에 앞서 생겨났지만 장구하다고 여기지 않으며, 상고上古보다 더 오래되었지만 늙었다고 여기지 않는다.[33]

장자에서 도는 인간을 포함한 우주만물의 궁극적 존재근원이다. 도는 우주만물뿐만 아니라 귀신과 상제의 존재근거이기도 하다. 귀신과 상제도 도의 통일적 작용 속에서 비로소 존재할 수 있다는 말이다. 장자는 우주만물의 생성과 변화를 주재하는

연구원, 2004), 118쪽.

32 박희병, 『한국의 생태사상』(서울: 돌베개, 1999), 348쪽.

33 郭慶藩, 『莊子集釋』(北京:中華書局, 1978.), 246-247쪽. "夫道, 有情有信, 無爲無形; 可傳而不可受, 可得而不可見; 自本自根, 未有天地, 自古而固存; 神鬼神帝, 生天生地; 在太極之先而不爲高, 在六極之下而不爲深, 先天地生而不爲久, 長於上古而不爲老."

존재로 제帝와 제가 머무는 곳인 '제향帝鄕'을 제시한다. 그는 「천지」에서 "천 년을 살다가 세상이 싫어지면 세속을 떠나 올라가 신선이 되어 저 흰 구름을 타고 제향에 올라갑니다"[34]라고 한다.

또한 장자는 「양생주」에서 "어쩌다 세상에 태어난 것도 태어날 때를 만났기 때문이고, 어쩌다 세상을 떠나는 것도 죽을 때를 따랐기 때문일세. 때에 편안히 머물러 따른다면, 기쁨이나 슬픔이 끼어들 수 없을 것일세. 옛날 사람들은 이를 상제가 거꾸로 매달린 데서 풀어준다고 하였네"[35]라고 하여, 제帝를 세상의 속박과 억압에서 해방될 수 있는 수양론의 근거로 제시한다. 문제는 노자와 마찬가지로 장자도 인격적 주재자인 제帝보다는 비인격적 도道를 통해 우주만물의 생성과 변화과정을 합리적으로만 설명하는 데 중점을 두었기 때문에 도와 제의 관계를 명확하게 설명하지 않고 있다는 짐이다.

노자는 도를 본체론적 사유방식에 입각하여 우주만물의 궁극적 존재근원으로 보면서도, 도에서 우주만물이 생성된다고

---

34 郭慶藩, 앞의 책, 421쪽. "千年厭世, 去而上僊, 乘彼白雲, 至於帝鄕."

35 郭慶藩, 앞의 책, 128쪽. "適來, 大子時也; 適去, 夫子順也. 安時而處順, 哀樂不能入也, 古者帝之縣解."

보는 생성론적 도식[36]을 제시하였다. 노자 이후 노자의 생성론적 도식에다 기화론적 사유방식을 응용함으로써 우주만물의 생성과 변화의 과정을 좀더 구체적으로 설명하려는 노력이 제기된다.

장자는 노자의 우주생성론의 한계성을 돌파하기 위한 방안으로 기화론의 중요성을 부각시킨다. 여기서 기화론적 사유방식이란 천지만물의 생성과 변화를 도에 근거한 기의 변화작용으로 설명하는 것을 말한다.

> 그 처음을 살펴보았더니, 본래 생겨남이 없었다. 단지 생겨남이 없을 뿐만 아니라, 본래 형체도 없었다. 단지 형체가 없을 뿐만 아니라, 본래 기도 없었다. 황홀한 사이에서 뒤섞여 변하여 기가 있고 기가 변하여 형체가 있으며, 형체가 변하여 생겨남이 있고 지금 생겨남이 또 변하여 죽음으로 나아간다. 이는 춘하추동 사계절이 서로 함께 운행하는 것과 같다.[37]

장자에서 우주만물을 생겨나게 하고 변화하게 하는 구체적인 원동력은 기氣이다. 장자는 기의 취산작용으로 우주만물의 변화과정을 이렇게 설명한다.

---

36 "道生一, 一生二, 二生三, 三生萬物. 萬物負陰而抱陽, 沖氣以爲和."

37 郭慶藩, 앞의 책, 614-615쪽. "察其始而本無生; 非徒無生也, 而本無形; 非徒無形也, 而本無氣. 雜乎芒芴之間, 變而有氣, 氣變而有形, 形變而有生, 今又變而之死, 是相與爲春夏秋冬四時行也."

삶은 죽음의 무리요 죽음은 삶의 시작이니, 누구라서 그 벼리를 알리오! 사람의 삶은 기가 모인 것이니, 모이면 살고 흩어지면 죽는다. 만약 삶과 죽음을 한 무리로 여긴다면, 내가 또 무엇을 근심하랴! 그러므로 만물은 하나이다. 그 아름답게 여기는 것을 신묘하고 기이하다고 하고 그 싫어하는 것을 냄새나고 썩은 것이라고 하지만, 냄새나고 썩은 것은 다시 변하여 신기한 것이 되고 신묘하고 기이한 것이 다시 변하여 냄새나고 썩은 것이 된다. 따라서 천하가 일기로 소통할 뿐이라고 말하는 것이다.[38]

장자는 우주만물의 생성과 소멸의 변화과정을 일기의 유행으로 설명한다. 끊임없이 맞물려 돌아가는 우주만물의 순환작용을 기의 변화과정으로 보는 것이다.

장자의 기화론적 사유방식은 전국戰國 중엽에 구체화되기 시작하여 진한秦漢시기에 이르러 『여씨춘추』, 『회남자』, 『노자지귀』, 『노자하상공주』 등에 이르러 매우 세련된 형태로 체계화된다.

특히 『노자하상공주』는 노자의 일一을 정기 또는 원기로 해석하여 도道와 기氣의 사유방식을 하나로 결합함으로서 대우주

---

38 郭慶藩, 앞의 책, 733쪽. "生也死之徒, 死也生之始, 孰知其紀! 人之生, 氣之聚也: 聚則爲生, 散則爲死. 若死生爲徒, 吾又何患! 故萬物一也, 是其所美者爲神奇, 其所惡者爲臭腐, 臭腐復化爲神奇, 神奇復化臭腐. 故曰: 通天下一氣耳."

로서의 우주만물의 생성과 변화의 역동적 과정뿐만 아니라 소우주로서의 인간의 신체와 양생 수련의 이론으로 확대하고 있다.[39] 이런 기화론적 사유방식은 후대 동아시아 철학에 큰 영향을 끼친다.

상제님께 천제를 올렸던 중국 자금성의 천단 전경

---

39 이석명, 『노자도덕경하상공장구』(서울:소명출판사, 2005), 14-15쪽.

Chapter 3
도교道敎에서 도道와 제帝

1) 도교의 기원과 전개

현대문학의 시조라고 할 수 있는 노신魯迅(1881~1936)이 일찍
이 지적한 것처럼, 도교는 중국사상의 뿌리라고 할 수 있다.[40] 노
신은 허수상許壽裳에게 보내는 편지에서 "중국의 뿌리는 모두
도교에 있다"[41]라고 하였다. 하지만 도교는 중국문화의 주류를
이루던 유교에 오랫동안 짓눌려 중국사상사에서 소외되었다. 도

---

[40] 卿希泰, 「道與三淸關係雛議」(『道敎神仙信仰硏究 上』: 四川大學宗敎硏究所
編, 2000), 9-10쪽.
[41] "中國根柢全在道敎."

교는 의식세계를 지배하는 유교문화와는 달리 잠재의식을 지배한 이면문화로서 반이데올로기의 이단정신을 표현해 왔다.[42] 도교문화는 고대 동아시아의 기층문화의 뿌리를 이루면서 동이족 문화를 포함한 다양한 문화를 흡수하여 이루어진 다문화의 성격을 지니고 있기 때문에 중국문화로만 한정지을 수 없다.[43] 도교문화는 고대 동아시아인의 공동유산인 것이다.

도교는 동한 순제順帝(126~144) 연간에 창립되어 지금까지 1800여 년의 기나긴 역사를 지니고 있다. 그러나 전국시대의 '방선도方僊道'와 양한 시기의 '황로도黃老道'까지 거슬러 올라가면 중국에서 유포된 것은 2000여 년이나 된다. 도교는 고대 중국의 종교 신앙을 기초로 삼고 있다. 그 연원을 탐구하면 대체로 다음과 같은 세 가지 종류의 사상을 기반으로 삼고 있다. 고대의 원시무속과 선진시대의 신선학설과 양한시대의 황로사상이다. 도교는 원시무속으로부터 시작하여 전국시대의 방선도와 한대의 황로도를 결합하여 초기 도교를 형성한다. 초기 도교는 크게 두 가지 유파로 나뉜다. 하나는 장각張角의 태평도太平道이고, 다른 하나는 장릉張陵의 오두미도五斗米道이다. 이 두 학파는 모두 동

---

42 정재서, 「한국도교의 고유성-중국도교와의 대비적 고찰 」(『한국 전통사상의 특성 연구』, 한국정신문화연구원, 1995), 162쪽.
43 정재서, 『한국도교의 기원과 역사』(서울: 이화여대출판부, 2006), 70쪽.

한 후기에 형성되었다. 태평도와 오두미도는 성립 초기에는 서로 비슷한 성격을 지니고 있었지만, 이들의 역사적 운명은 정치 권력과의 관계에 따라 그 명암이 크게 엇갈린다.[44]

당시 동한 후기의 조정은 부패하였고, 수해와 한해와 병충채 등 자연재해가 끊이지 않았으며, 과도한 부역과 전염병 그리고 기근으로 말미암아 농촌 경제가 처참하게 파괴되어 유민들이 곳곳에서 폭동을 일으켰다. 이런 상황 속에서 장각은 태평도를 창립하였다. 그는 도가 구현되는 이상세계인 태평세계를 꿈꾸면서 『태평경太平經』을 주요 경전으로 삼고, 부적 태운 물과 주문으로 사람들의 병을 치료하였으며, 제자들을 사방으로 파견하여 태평도를 전파하게 하였다.

그리하여 태평도는 민중들에게 신임을 얻어 신도들이 신속하게 증가하여 수십만에 이르게 되고, 여러 지역에 널리 퍼지게 되었다. 장각은 교인들을 36방으로 나누었는데, 대방은 10,000여 명이고 소방은 6,000~7,000명이었다. 그는 이들 집단에 각각의 우두머리를 세우고 그가 전체를 총괄하였다. 장각의 태평도는 중평中平 원년(184년) 2월에 전국 28개 군에서 동시에 천하를 깜

---

44 김성환, 「하늘과 땅, 사람이 조화를 이루는 태평의 이상」(『중국철학의 이단자들』: 중국철학회, 2000), 66쪽.

짝 놀라게 한 황건적의 난을 일으켰다.

장각의 태평도와 같은 시기에, 장릉은 사천四川 서부에서 오
두미교를 창립하였다. 그는 노자를 교주로 삼고 『도덕경』으로
민중을 교화하였으며, 신도들 스스로 아끼고 존중하여 서로 돕
게 함으로써 그 지역주민들로부터 큰 지지를 받았다. 장릉이 죽
은 뒤 아들 장형과 손자 장로가 3대 동안 계속 전도하여 교세를
크게 확장시켰다. 오두미교인들은 장릉을 천사天師, 장형을 계사
系師, 장로를 사사嗣師라고 불렀다. 이 때문에 장릉의 오두미도를
천사도天師道로 부르기도 한다.

헌제獻帝 건안建安 20년(215)에 장로의 오두미교의 군대는 조
조에게 항복하였고, 장로는 조조에 의해 장봉후將封侯에 봉해
진다. 그 뒤 오두미교는 합법화되어 양자강과 절강 그리고 중원
까지 전파되어 그 영향력이 날로 증대되었다. 한편 장각의 태평
도는 황건 봉기의 실패로 진압되어 공개적인 활동을 할 수 없게
된다.

도교는 신선 도교 이론을 집대성한 갈홍葛洪(283~343)의 『포
박자』를 기반으로 북위北魏의 도사 구겸지寇謙之(365~448)와 유
송劉宋의 도사인 육수정陸修靜(406~477)과 양梁의 도사인 도홍

경陶弘景(456~536) 등의 개혁을 거치면서, 점차 도교의 조직체계
—교리敎理, 교의敎義, 교규敎規—가 정비되고 체계화된다.

도교가 가장 흥성한 것은 당과 송이었다. 당 황실은 노자가
이씨 성을 가지고 있었기 때문에 노자를 자신들의 조상이라 여
겨 도교를 존중하였다. 이러한 당대 도교의 흥성에 따라, 조정의
관리이자 시인이었던 하지장賀知章(659~743)은 관직을 버리고 도
교도가 되었고, 유명한 시인인 이태백李太白(701~762)은 민산에
서 도를 배웠으며, 양귀비楊貴妃도 도적에 올라 '태진太眞'으로 불
리었다. 도교를 배워 신선이 되고
자 하는 것은 당시의 시대적 풍조
였다.

송의 통치자들은 노자를 시조
로 삼는 당을 모방하여, 진종眞宗
(998~1022)은 송의 시소인 조현링
趙玄朗을 '구천사명보생천존대제
九天司命保生大尊大帝'로 봉하여 도
교의 위대한 신으로 삼았다. 송에
서 도교는 거의 국교가 될 정도로

위세를 떨치다가 명대 중엽 이후 
태을구고천존

점차 전성기를 지나 쇠퇴기로 접어든다.

청대 이후 관방 도교의 각 교파는 정체되었다. 청대에서 도교의 지위는 상층 사회에서는 날로 약화되었다.[45] 하지만 민간에서는 『태상감응편』, 『문창제군음즐문』 등의 권선서勸善書를 중심으로 한 민간 도교가 새롭게 부흥하는 현상이 일어난다.[46]

2) 초기도교에서 도와 태상노군[47]

도가철학을 계승, 발전시켜 그것을 종교화한 도교철학은 자연학과 신학이라는 이중적 성격을 동시에 지닌다.

첫째, 도교는 도가의 자연철학과 공부론을 하나의 구조체계로 융합한 양생론을 전개한다. 우주만물의 존재근원 및 생성과 변화의 과정을 설명하는 도와 기의 사유방식을 공부론과 연결시켜 우주만물과 함께 살아가는 인생 최고의 경지에 이르고자 한다. 도道는 모든 생명의 존재근거이고, 기氣는 온갖 생명의 근

---

45 이원국, 김낙필외 옮김, 『내단 1』(서울: 성균관대출판부, 2006), 27-47쪽. 이 책에 근거하여 도교사 개요를 정리하였다.

46 정재서, 『한국도교의 기원과 역사』, 107쪽. 중국도교와 한국도교는 그 길을 달리 하였다. 중국도교가 대체로 민간도교에서 관방도교로 전개되는 것과는 정반대로, 한국도교는 관방도교에서 민간도교로 전개되는 양상을 보여주기 때문이다.

47 도교의 도와 제의 관계에 대해서는 『道教神仙信仰研究』(成都: 四川大學宗教研究所編, 2000)을 많이 참조하였음을 밝혀 둔다.

원적 힘이다. 도교의 수련은 이 도와 기에 근거한다. 도교의 수련법은 크게 보아 두 가지 방법—외단법과 내단법—으로 나뉜다. 외단법은 약물을 제조하고 복용하여 생명의 에너지를 온전히 구현함으로써 장생불사를 추구하는 것이고, 내단법은 심신수련을 통해 자기 속에서 우주를 완성하는 것이다.

둘째, 도교는 도와 기를 종교화 또는 신격화하여 비인격적 존재인 도道와 기氣, 그리고 인격신인 제帝가 삼위일체성을 지닌 것으로 파악한다. 도교의 지고신은 도와 기를 온전하게 발현하고 주재하는 최고신이다. 도교의 신 계보는 도道와 기氣가 발현된 완성도에 따라 설정된 위계체계이기 때문에 최고신은 도와 기의 조화작용을 가장 완벽하게 구현하는 신을 말한다.

도교신앙은 자력신앙과 타력신앙이란 두 가지 의미를 동시에 지닌다. 도교의 신은 자력의 측면에서 인간이 도와 기를 수련하여 지향해야 할 궁극서 목표점이며, 타력의 측면에서 도와 기의 조화권능으로 인간의 고통과 질병을 치유해 주는 신앙의 대상이다.

도교의 도道는 우주만물의 자연이법이자 존재원리이다. 또한 도는 도교 신 계보의 근원이다. 당 현종이 지적하고 있는 것처럼, "하늘과 땅, 사람과 사물, 신선과 신령, 귀와 신 등은 도가 아니면 생겨날 수 없고, 덕이 아니면 이루어질 수 없다."[48] 도교의 신학이론은 대도大道신앙에 그 근거를 두고 있다.

도교는 도가와는 달리 도를 신격화한다. 도교의 모든 신들은 도의 현현이고, 도의 발현이 이루어지는 완전성의 정도에 따라 도교 신단의 위계질서가 형성된다. 도의 권능을 가장 완전하게 실현하고 있는 신이 최고신이고, 그 표현의 정도가 낮은 신이 하위신이다. 도는 사물과의 관계를 통해 자신을 무한하게 다르게 드러내기 때문에 도교의 신을 계보화하여 단순화하기 매우 어렵다. 뿐만 아니라, 특정시기의 교파마다 신 계보를 다르게 설정하기 때문에 도교 전체의 신단체계를 일원화하는 것은 거의 불가능하다.[49]

도교에서 도를 신격화한 명칭으로 사용하는 예는 동진東晉 말기에 오두미교에 의해 편집된 『여청귀율女淸鬼律』에도 보이고, 또 『진서晉書』 「왕희지전」에도 오두미도를 신봉하고 있던 왕희지의 아들 왕응지가 손은의 반란군에게 공격을 받았을 때 대도에 기원한 기록이 있다.[50] 그러나 초기도교에서 최고신은 노

---

48 "天地人物, 僊靈鬼神, 非道無以生, 非德無以成."

49 이용주, 『도, 상상하는 힘』(서울: 이학사, 2003), 217쪽.

50 小林正美, 『中國の道教』(東京: 創文社, 1998), 9쪽.

자를 신격화한 '태상노군太上老君'이다. 간길干吉(어떤 곳에서는 우길于吉이라 주장하기도 한다.)이 편찬한 『태평경』이나 장도릉이 지은 도교 서적들은 모두 태상노군에게서 가르침을 받은 것이라 주장한다. 이는 장각의 태평도와 장도릉의 오두미교의 공통된 특성이다.[51]

동한 명제와 장제 때(58~88)의 익주자사 왕부王阜는 『노자성모비老子聖母碑』에서 최고 신격으로서의 노자와 도의 관계를 이렇게 설명한다.

> 노자는 도이다. 곧 무형無形보다 앞서 생겨났고 태초太初 이전에 나왔으며, 태소太素의 근원에서 운행하고 육허六虛(상하 사방)를 돌아다니며, 그윽하게 합치한 곳을 드나들고 혼합되어 분리되기 이전을 살피고 맑음과 흐림이 갈라지기 이전을 살핀다.[52]

왕부는 노자와 도를 일치시켜 대도의 화신인 노자를 도교의 최고 인격신으로 본다. 도는 천지만물의 근원이기 때문에 도의 화신인 노사는 천지만물을 생겨나게 하고 변화시키는 조물주가 되는 것이다.

---

51 卿希泰, 앞의 글, 12쪽.

52 "老子者, 道也. 乃生于無形之先, 起于太初之前, 行于太素之元, 浮游六虛, 出入幽冥, 觀混合之未判, 窺清濁之未分."

또한 유송 중엽에 편집된 것으로 보이는 『노자상이주老子想爾注』[53]는 도를 신격화하여 노자를 도의 화신化身으로 규정함으로써 도와 태상노군을 동일시한다.

> 일은 도이다. ……일은 형체가 흩어져서는 기가 되고 형체가 모여서는 태상노군이 되어 항상 곤륜산을 다스린다. 허무라고 하기도 하고 자연이라고도 하며 무명이라고도 하는데, 모두 같을 따름이다. 지금 도의 경계를 펴서 사람들에게 가르치는데, 도의 경계를 지켜서 어기지 않는 것은 곧 일을 지키는 것이 되고, 도계를 행하지 않는 것은 곧 일을 잃는 것이다.[54]

『노자상이주』에서 '도道'와 '일一'과 '태상노군'은 같은 사실을 다르게 표현한 것에 지나지 않는다. 태상노군은 본래 춘추말 『노자』를 저술한 인물인 노자를 말하는데, 『노자상이주』는 태상노군을 '도'나 '일'과 일체화된 신적 존재로 표현함으로써 초기

---

53 요종이에 의하면, 『노자상이주』는 오두미두(천사도)의 교주인 장릉이 지은 것인데, 장릉의 손자인 장로가 받아 적은 것이거나 아니면 장로가 지어 놓고 장릉에서 시작된 것으로 가탁한 것이다.(饒宗頤, 『老子想爾校證』, 上海: 古籍出版社, 1991, 4쪽.) 그러나 고바야시 마사요시小林正美는 유송 중엽에 편찬된 것으로 본다.(小林正美, 앞의 책, 39쪽.)

54 顧寶田·張忠利注譯, 『老子想爾注』(臺北: 三民書局, 1997), 37-38. "一者道也.……一散刑爲氣, 聚形爲太上老君, 常治崐崙, 或言虛無, 或言自然, 或言無名, 皆同一耳. 今布道誡教人, 守誡不違, 卽爲守一矣; 不行其誡, 卽爲失一也.)

도교의 최고신이 된다. 이는 도교가 종교로 성립하는 과정에서 도와 노자를 일치시킬 필요성이 있었을 것으로 추측된다.

태상노군을 최고의 신격으로 공식화한 것은 북위시대의 구겸지이다. 그는 태상노군을 직접 보았다는 '친견사건親見事件'을 계기로 오두미교를 신천사도로 개칭하고 노자를 중심 신격으로 삼게 된다.[55] 『위서魏書』 「석로지釋老志」에 구겸지가 태상노군을 만난 사건을 이렇게 기술하고 있다.

> 겸지가 숭악에서 뜻을 굳게 하여 모든 힘을 다하여 게으르지 않았다. 신서 2년 10월 을묘일에 문득 대신大神을 만났는데, 구름을 타고 용을 몰며 온갖 신령들이 따르고 선인과 옥녀가 좌우에서 모시고 있었는데, 산마루에 모이자 태상노군이라 칭하였다.[56]

다른 한편, 남송의 사수호謝守灝는 역대 신선 전기류 가운데 태상노군과 관련된 자료를 집성한 『혼원성기混元聖紀』에서 이렇게 말한다.

> 태상노군은 대도의 주재자이고 온갖 가르침의 으뜸이니, 태

---

55 김일권, 『동양의 천문사상 하늘의 역사』(서울: 예문서원, 2007), 310쪽.
56 "謙之守志崇岳, 精專不懈. 以神瑞二年十月乙卯, 忽遇大神, 乘雲駕龍, 導從百靈, 仙人玉女, 左右侍衛, 集止山頂, 稱太上老君."

무太無의 앞에서 나왔고 무극無極의 쪽 근원에서 일어났다.[57]

사수호는 태상노군을 대도의 주재자이자 온갖 가르침의 으뜸으로 간주한다. 또한 그는 "태상노군은 곧 원기의 시조이고 만 도의 종주이며 건곤의 근본이며, 천지의 정원精源이다"[58]라고 하여, 태상노군은 도와 기의 주재자임을 분명히 하고 있다. 이런 측면에서 볼 때, 도교의 지고신은 도道의 신성을 가장 완벽하게 체현한 도道의 화신이자 기氣의 변화작용을 주재하는 존재라고 할 수 있다.[59]

태상노군은 '도덕천존道德天尊', '혼원노군混元老君' 등으로 불리기도 한다. 진晉나라 이래로 태상노군은 원시천존이나 태상대도군과 더불어 도교의 삼청신의 세 번째 위격을 지닌 천신으로 자리를 잡게 된다. 그리고 당唐 황실은 태상노군의 후예로 자처하면서 태상노군을 '태상현원황제太上玄元皇帝'로 존숭한다.

태상노군을 신격화하는 것은 어떤 의미가 있는 것일까? 송대의 가선상賈善翔은 그 이유를 이렇게 설명한다.

---

57 "太上老君者, 大道之主宰, 萬敎之宗元, 出乎太無之先, 起乎無極之源."
58 "太上老君, 乃元氣之祖, 萬道之宗, 乾坤之根本, 天地之精源."
59 『中國道敎』 第3卷(上海: 東方出版中心, 1996), 6쪽.

노씨는 본래 사람의 신령으로 도를 얻은 위대한 사람이다. 신
명에 통하고 견식에 통달하여 도의 주인이 될 수 있었다. 그
러므로 온갖 신령이 받드는 바이고 삼계가 귀착하는 바이
다.[60]

노자가 신적 존재가 된 것은 도를 체득하여 도의 주인이 되
었기 때문이다. 가선상이 보기에, 세상 사람들이 만일 대도를 체
득하여 대도의 주인이 될 수 있다면 누구나 신인, 진인, 선인 등
이 될 수 있을 뿐만 아니라 온갖 신령이 떠받들고 천지인 삼계가
귀착하는 신적 존재가 될 수 있다. 이런 '신인합일'의 사유에는
도교신학에 내포된 인존사상의 의미가 포함되어 있다.[61]

유송 초기 천사도의 저작인 『삼천내해경三天內解經』에서는
도를 '태청현원무상삼천무극대도太淸玄元無上三天無極大道'라는
최고신으로 부르고, 노자를 신격화한 '태상노군'보다 위격이 한
단계 더 높은 것으로 간주한다. 따라서 동진 말기에시 유송劉宋
초기까지는 신격화된 대도와 노자를 구별하고 있는 것으로 보
인다.[62]

---

60 "且老氏本亦人靈, 盖得道之大者也. 所以能通神達見, 而爲道主, 故萬靈所奉,
三界所歸."

61 李遠國, 「三淸玉皇信仰略考」(『道敎神仙信仰硏究 上』: 四川大學宗敎硏究所編,
2000), 52쪽.

62 小林正美, 앞의 책, 9쪽.

남북조시대의 상청파上淸派와 영보파靈寶派는 '원시천존'과 '태상대도군'을 최고신으로 삼았다.[63] 원시천존은 도교의 최고신 인데 삼청신의 첫 번째 위격을 차지하는 천신이다. '옥청대제玉 淸大帝'라 불리기도 한다. '원시천존'의 호칭은 진대晉代의 갈홍의 『침중서枕中書』와 『한무제내전漢武帝內傳』에 나오는 '반고진인盤 古眞人'이 자신을 '원시천왕元始天王'으로 지칭한데서 유래한다.

원시천존옥황대제元始天尊玉皇大帝

'태상대도군太上大道君'은 대도 를 신격화한 지고신이다. 태상대 도군은 삼청신의 두 번째 위격 을 차지하는 도교의 천신으로 '태상옥신대도군太上玉晨大道君', '영보천존靈寶天尊' 등으로 불리 기도 한다. 『운급칠첨』은 '옥신 도군'을 이렇게 정의한다.

옥신도군은 대도의 화신이다. 그 있음을 말하고자 하여도 따르거 나 맞이할 수 없고, 그 없음을 이 르고자 하여도 황홀한 가운데 다

<hr>

63 『中國道敎』第3卷, 앞의 글, 8쪽.

시 존재한다. 그래서 있지 않으면서도 있고, 없지 않으면서도 없으며, 보아도 형상이 없고 들어도 소리가 없다. 오묘하게 있고 오묘하게 없는 사이에 대도가 있다.[64]

대도의 화신인 옥신도군은 고정적으로 불변하는 실체가 아니기에 인간의 오관의 감각작용을 통해서는 알 수 없다. 있으면서도 없고 없으면서도 있는 그야말로 황홀한 존재이다. 있음과 없음의 사이에 참으로 절묘하게 존재하기 때문이다.

3) 수·당 도교에서 도와 삼청존신

수대에 오면 '원시천존元始天尊'을 최고의 주재신으로 삼는다. 위진남북조의 『상청경』과 『영보경』에 '원시천왕'과 '원시천존' 등의 새로운 존신이 나오고, 양의 도홍경이 『동현영보진영위업도』에서 원시천존을 지고신에 배열하면서부터, 이후 원시천존은 도교의 신 계보에서 최고신의 위격을 차지하게 된다.

『수서경적지』와 『동연집』은 각기 원시천존을 다음과 같이 설명한다.

---

64 "玉晨道君者乃道之化身也, 言其有不可以隨迎, 謂其無復存乎恍惚, 所以不有而有, 不無而無, 視之無象, 聽之無聲, 于妙有妙無之間大道存焉."

도경에 이르기를 '위대한 근원보다 앞서 생겨났고 자연의 기를 타고난 원시천존이 있다' 고 한다.[65]

원시천존은 천지의 정미함이자 지극한 도의 으뜸가는 기이다. 본래 저절로 그러한 데서 생겨나서 사라지면 기가 되고 자라나면 신이 되어 시작도 없고 끝도 없이 영속적으로 끝없이 존재하며 상경에서는 온 하늘의 으뜸이 되고 하경에서는 온갖 변화의 근거가 되며 하경에서는 온갖 천제의 존귀함이 된다. 뭐라 이름할 수 없지만 마루로 삼을 수 있으므로 천존이라 한다.[66]

위의 두 인용문은 원시천존이 우주만물의 궁극적 존재근거이자 지극한 기운이 변화된 인격적 존재로서, 도와 기와 인격성이 하나로 통일된 존재라는 것을 강조한다.

수당도교에서 최고신의 지위를 확보하는 것은 '삼청존신三淸尊神'이다. 삼청존신은 오랜 역사적 변천과정을 통해 형성되었다. 동한 말년 오두미교가 태상노군을 최고신으로 섬기고, 위진남북조 때 『상청경』과 『영보경』이 나오면서 '원시천왕', '원시천존',

---

[65] "道經者云有元始天尊, 生于太元之先, 稟自然之氣."

[66] "元始天尊者, 卽天地之精, 極道之祖氣也. 本生乎自然, 消卽爲氣, 息卽爲神, 不始不終, 永存綿綿, 居上境爲萬天之元, 居中境爲萬化之根, 居下境爲萬帝之尊, 無名可宗, 故曰天尊."

'태상옥신대도군', '태상대도군' 등의 새로운 도교 존신이 등장한
다. 양의 도홍경이 『동현영보진영위업도』에서 도교의 신 계보를
정리하는 과정에서 비로소 '삼청존신'의 골격이 완성되고, 이후
도교 각 교파 사이의 충돌과 융합을 거쳐 삼청존신이 확립된다.

『유용전』에 "도에는 존귀한 스승이 없을 수 없고, 교에는 종
주가 없을 수 없다. 그러므로 노군은 태상옥신대도군을 스승으
로 모시고 대도군은 곧 원시천존의 제자이다"[67]라고 하여, '삼청
존신'의 사승관계를 지적한다. 태상노군인 노자의 스승은 태상
옥신대도군이며, 태상옥신대도군의 스승은 원시천존이다. 그러

삼청존신三清尊神

---

67 "道不可無師尊, 教不可無宗主, 故老君師太上玉晨大道君焉, 大道君即元始天
尊之弟子也."

나 삼청존신이 출현한 시기로 본다면, 태상노군이 제일 처음으로 나왔고 원시천존이 그 다음이며, 태상대도군이 가장 마지막에 출현한 것이다.

남송의 김윤중은 『상청영보대법』에서 '삼청존신'에 대한 기존의 논의를 정리하여 다음과 같이 핵심적으로 요약한다.

> 삼존의 호칭은 경에서 단지 원시천존, 태상도군, 태상노군으로 일컫는다. 그 별호는 천보군, 영보군, 신보군이다. 삼경으로 말하면 옥청, 상청, 태청이다. 삼동으로 말하면 동진과 동현과 동신이니, 이와 같을 뿐이다.[68]

'삼청三淸'은 본래 두 가지 의미를 지니고 있다. 첫째, '삼청'은 '옥청玉淸', '상청上淸', '태청太淸'으로 도교의 천신이 머무는 장소인 '삼경三境'을 말한다. '삼경'은 천상세계의 '삼천三天', 즉 '청미천淸微天'과 '우여천禹餘天'과 '대적천大赤天'을 말한다. 둘째, '삼청'은 '삼청경'또는 '삼천천'에 머무는 '천보군天寶君'(원시천존元始天尊)과 '영보군靈寶君'(태상도군太上道君, 영보천존靈寶天尊)과 '신보군神寶君'(태상노군太上老君, 도덕천존道德天尊)을 말한다.

'삼청'은 또한 '삼동三洞'과 밀접한 연관성을 지니고 있다. '삼

---

[68] "三尊之號在經中只稱元始天尊, 太上道君, 太上老君, 其別號曰天寶君, 靈寶君, 神寶君; 以三境之名而稱則曰: 玉淸, 上淸, 太淸; 以三洞之書而名則曰: 洞眞, 洞玄, 洞神, 如此而已."

동'은 '동진洞眞', '동현洞玄', '동신洞神'을 말하는데, 두 가지 의미가 동시에 들어 있다. 하나는 존신이 사는 곳인 '동진옥청경洞眞玉淸境', '동현상청경洞玄上淸境', '동신태청경洞神太淸境'을 말하고, 다른 하나는 도교의 경전을 분류하는 방식을 말한다. 천상뿐만 아니라, 지상의 도교궁관에는 삼청전이 있는데, 그 삼청전에 원시천존이 가운데 있고 영보천존과 도덕천존의 소상塑像이 좌우에 있다. 송대 이래 도

태을구고천존

교궁관의 중심이 되어 지금까지 지속되고 있다. 도교에서 인간을 포함한 천지만물은 도와 기의 소산이다. 삼청존신도 도道가 기氣로 변화하는 과정에서 발생한다.

로, 삼기를 불러서 생겨나게 한다" 라고 한다.[69]

여기서 삼보는 원시천존, 태상도군, 태상노군을 말한다. 원시천존은 최고신에 해당하고, 그 다음의 신격은 태상도군이며, 태상노군은 그 마지막 신격이다. '삼천존신'은 도道와 일一(일기一氣)에서 파생된 것으로 셋이면서 하나이고 하나이면서 셋이다. 이는 '삼일三一'의 논리설에 근거하고 있다. 삼천존신은 형체상으로 보면 셋이지만, 내용상으로는 도와 일기의 하나의 유기적 통일성 속에서 파생된 것(현玄과 원元과 시始)이다.

삼청존신설은 대체로 남북조 중후기에 등장한 것으로 보인다. 당唐에 이르러 도교 각파 간의 이견을 통일하여 삼존설이 확

립되면서 도교 신학 계보가 새로운 국면에 접어든다. 도교는 바로 삼존신을 삼위일체의 최고의 지상신으로 받든다. 당송 이래 '삼청전'을 궁관건축의 중심으로 삼아 '원시천존元始天尊', '영보천존靈寶天尊(태상도군太上道君)', '도덕천존道德天尊(태상노군太上老君)'을 삼청존신으로 신봉하였는데, 이는 어느 교파에 관계없이 도교의 공통된 인식이었다.

시대의 흐름과 교파의 특색에 따라 각양각색의 다양한 형태로 전개되던 도교의 신들을 체계적으로 정리하려는 움직임이 일어난다. 최초로 도교의 신 계보를 만든 이는 도홍경(456~536)이다. 도홍경이 도교사상사에 끼친 공헌은 상청파의 수련방법을 통일하고 모산단체를 창설하였을 뿐만 아니라 도교의 신 계보를 체계화하였다는 점이다. '산중재상山中宰相'이라 불리는 그는 『진령위업도』에서 도교의 신 계보를 천신, 지기, 선진, 인귀 등 7등급으로 분류하여 체계화한나.

『진령위업도』에서는 중앙에서 멀어질수록 낮은 위계에 속하게 되고, 각 단계마다 천상계, 현실계, 지하계로 나누어 천관이 머무는 장소인 궁궐이 배치되어 있다. 이는 현실정치의 위계조직이나 천지로서의 대우주와 인간으로서의 소우주의 상응관계를 반영하는 것이라고 볼 수 있다. 도홍경이 도교의 신 계보를 정리한 것은 남북조시대 도교의 신 계보가 복잡하게 뒤엉켜 있어 이를 체계적으로 정리할 필요가 있었기 때문일 것이다.

남북조시기에 이르러 도교의 새로운 신 개념이 출현한다. '옥황玉皇'이 바로 그것이다. 옥玉은 본래 정미하거나 진귀하다는 뜻이다. 고대 사람들은 아주 아름다운 것을 옥으로 형용하였다. 예컨대, '옥식玉食', '옥녀玉女', '옥기玉器', '옥음玉音' 등이 바로 그것이다. 고대 동아시아에서 옥은 특히 종교적으로 주목을 받았다. 옥은 사악한 기운을 물리치고 몸을 보호하는 '호신부護身符'의 역할을 하고, 신과 소통하기 위해 바치는 제물이었으며, 세계의 기운을 조화롭게 다스려야 하는 왕권을 상징하는 신물神物이기도 했다. 『월절서越絕書』는 "무릇 옥이란 또한 신물神物이다"[70]라고 한다.

근래 발굴된 용산문화의 유적지에서 신석기 시대의 정교한 옥제품이 다량으로 출토된 것은 고대인들이 옥의 기능들을 중시한 증좌라고 하겠다.[71] 동아시아 문화에서 옥은 매우 독특한 위치를 차지한다. 문광聞廣은 동서문화의 결정적 차이점은 신석기 시대 옥기문화의 발달 여부에 달려 있다고 주장한다. 『예기』

---

[70] 夫玉, 亦神物也.

[71] 정재서, 『정재서 교수의 이야기 동양신화 2』(서울: 황금부엉이, 2004), 246쪽.

「옥조」에서는 옛날 군자들은 몸에 반드시 옥을 차고 다녔는데, 아무런 이유도 없이 옥을 몸에서 떼어놓지 않는다고 하여 군자의 덕을 옥에 비유하였다.[72]

　황皇은 고대 한어에서 '대大', '천天', '군주'(君), '빛남'(煌) 등의 다양한 의미를 지니고 있다. 허신許愼은 『설문해자』에서 "황은 대大이다"[73]라고 하여, 황을 크다는 의미로 사용한다. 왕일王逸은 『초사』「이소」에 주석을 달면서, "황은 황천皇天이다"[74]라고 하여, 황을 황천의 의미로 정의한다. 『이아』「석고」에는 "황은 군주(君)이다"[75]라고 하여, 황을 군주의 의미로 사용한다. 주방포朱芳圃는 『은주문자석총殷周文字釋叢』에서 "황은 황煌의 본자이다"[76]이라 하여, 황을 빛남의 의미를 지닌 것으로 본다.[77]

　『초사』나 『후한서』등에서 '상황上皇'과 '천황天皇'의 개념을 가지고 전신이나 천제를 말하는 용례는 찾아볼 수 있지만, 선진이나 진한의 문헌에서 옥玉과 황皇 또는 옥玉과 제帝를 연결시켜

---

72 熊玉蓮外編, 『佩戴器編』(南昌: 江西美術出版社, 2008), 1쪽.

73 "皇, 大也."

74 "皇, 皇天也."

75 "皇, 君也."

76 "皇, 煌之本字."

77 蓋建民, 「玉淸與玉三淸關係考略」(『道敎神仙信仰硏究 上』: 四川大學宗敎硏究所編, 2000), 114-115쪽.

천신이나 천제를 말하는 용법은 찾아볼 수 없다.[78] 초기도교에서는 옥황상제의 위격이 분명하게 드러나지 않는다. 도교에서 '옥황'과 '옥제'의 개념이 처음으로 등장하는 것은 남북조이다. 유송의 육수정(406~477)은 도교와 불교의 동이점을 논하면서, "불교에는 류진이 있고 도교에는 옥황이 있으니, 이 또한 길을 달리하지만 하나로 합치한다"[79]고 하였다. 여기서 '류진留秦'은 불교의 '과거칠불過去七佛'의 하나이고, 옥황은 도교의 '과거고상옥황천제過去古上玉皇天帝'를 말한다.

양의 도홍경은 『진령위업도』의 신 계보에서 '옥황도군玉皇道君'을 제11위의 단계에 있는 '고상옥제高上玉帝'는 옥청 오른쪽 자리 제19단계에 배치한다. 청의 소설가이자 극작가인 포송령蒲松齡(1640~1715)은 『요재지이聊齋志異』에서 "하늘 위에는 옥제가 있고, 땅 아래에는 황제가 있다"[80]라고 말하였다. 하늘에서는 옥제玉帝가 천상세계를 주재하고, 땅에서는 황제가 인간세상을 통치하고 있다는 말이다. 옥제가 천상의 황제라면, 황제는 지상의 황제이다.

---

78 蓋建民, 앞의 책, 114쪽.

79 "在佛爲留秦, 在道爲玉皇, 斯亦殊途一致."

80 "天上在玉帝, 地上在皇帝."

수당의 교체기에 '옥황玉皇'에 대한 새로운 인식이 등장한다. 도교 신도들은 옥황상제가 유교에서 말하는 호천상제보다 더 높은 존재로 생각한다. 당대의 시가에는 옥황이란 개념이 자주 등장될 정도로 일반화된다. 위응물韋應物(737~786)은 '학선學儒'에서 "도를 보존하고 몸을 잊어버려 한차례의 시험을 끝내고, 옥황께 이름을 아뢰고 곧 하늘로 오르네"[81]라고 노래한다. 도를 체득하여 신선이 된 사람만이 신선세계의 지고신인 옥황상제를 뵐 수 있다는 말이다.

또한 백거이白居易(772~846)는 '몽선夢儒'에서 "우러러 옥황제를 배알하고, 머리 조아려 앞에서 치성을 드리려네"[82]라고 하여, 신선세계의 최고신을 옥황상제로 설정하고 있다. 이 밖에도 이백, 두보, 유종원, 원진, 한유 등의 시가에서 옥황상제를 거론하고 있다. 이는 당대에서 이미 옥황상제에 대한 인식이 일반화되었음을 말해준다.

그러나 송대에 이르러 옥황상제의 신격에 중대한 변화가 일어난다. 송대에서부터 옥황상제는 도교 신 계보에서 최고신의 위치를 차지하게 된다.

---

81 "存道忘身一試過, 名奏玉皇乃昇天."
82 "仰謁玉皇帝, 稽首前致誠."

4) 송대도교에서 도와 옥황상제

송에서 도교를 존숭한 황제는 진종眞宗(997~1022)과 휘종徽宗(1101~1125)이다. 진종과 휘종 때에 이르러 옥황상제는 공식적으로 국가와 민간과 도교 신단에서 지고신의 위치를 확고하게 차지한다. 이 때에 이르러 옥황상제에 대한 존숭이 최고점에 이른다.

옥황상제가 송대에서 최고신으로 등장하는 데는 크게 두 가지 요인이 작용했을 것으로 생각된다. 첫째, 송은 북방 요나라의 침공으로 인하여 '전연의 맹약'(1004)이란 중국 사상 최대의 굴욕적인 사건을 겪는 과정에서 왕권의 권위를 세우고 민심의 이완을 막기 위한 방안으로 최고신을 내세울 필요성이 있을 것이다. 진종은 꿈속에서 한 신인으로부터 조씨가 천명을 받아서 송에서 흥할 것이란 천서天書를 받았다고 하여 '천서사건'을 제시한다. 둘

호천지존옥황대제昊天至尊玉皇大帝

째, 진종은 송의 시조인 조현랑을 '옥황대천제玉皇大天帝'라는 칭호를 올려 송의 수호신이자 최고의 지고신으로 삼았기 때문에[83] 옥황상제의 위격을 최대한으로 높이지 않을 수 없었던 것이다.

진종은 '옥황'을 국가의 제사대상(천제)으로 모시고 , '태상개천집부어력함진체도옥황상제太上開天執符御曆含眞體道玉皇大帝'라는 명칭을 부여했다. 그리고 휘종은 도교에 대한 국가적 지원을 아끼지 않고 도교의 경전인 『만수도장』을 편찬하였을 뿐만 아니라 '호천상제'와 '옥황상제'를 융합하여 '태상개천집부어력함진체도호천옥황상제太上開天執符御曆含眞體道昊天玉皇上帝'로 이름하였다.

도교의 최고신과 유교의 최고신을 한 자리에 모은 것은 도교와 유교를 조화시키기 위한 것이다. 송 휘종 때의 도사 영전진寧全眞은 『영보령교제도금서靈寶領敎濟度金書』에서 "대저 옥청은 교문의 존귀한 분이고 호천은 삼계의 존귀한 분이니, 각기 한 자리를 차지하면서 저마다 존귀함을 다하고 있기 때문이다"[84]라고 하여, 도교이론의 측면에서 호천상제와 옥황상제의 관계를 정리했다.

---

83 김일권, 앞의 책, 324쪽.

84 "盖玉淸爲敎門之尊, 昊天爲三界之尊, 各居一列, 各全其尊故也."

그러나 『송사 예지』에서는 "대개 논의하는 사람들이 옥황대천제와 호천상제를 나누어 말하는 것은 일치시킬 수 없기 때문이다"[85]라고 말한다. 유교의 호천상제와 도교의 옥황상제의 위격을 하나로 합치시키려는 송 휘종의 노력은 당시 유교도들의 강력한 비판을 불러 일으켰다. 주희(1130~1200)는 『주자어류』에서 도교에 대해 논하면서 유교와 도교를 일치시키려는 관점을 다음과 같이 비판한다.

> 노자는 단지 인귀에 지나지 않는데도, 어찌하여 도리어 호천상제의 윗자리에 두고서 조정에서는 고쳐서 그 자리를 바로잡지 않는가?[86]

또한 주자는 『주자어류』에서 유교의 호천상제를 도교의 지고신인 원시천존의 아래에 두는 것은 타당하지 않다는 점을 다음과 같이 역설한다.

> 도가의 학문은 노자에서 나왔다. 그 이른바 삼청은 석가모니의 삼신(법신은 석가모니의 본성이요, 보신은 석가모니의 덕업이요, 육신은 석가모니의 진짜 몸으로 실제로 있는 사람이다.)을 모방한 것일 따름이다.……그런데도 도가의 무리들이

---

[85] "蓋以論者析玉皇大天帝昊天上帝言之, 不能致一故也."
[86] "但老子旣是人鬼, 如何却居昊天上帝之上, 朝廷更不正其位?"

석가모니가 행한 것을 모방하려고 하여, 마침내 노자를 삼청(원시천존, 태상도군, 태상노군)으로 존숭하였다. 그리하여 호천상제를 도리어 그 아래에 앉게 하였으니, 그릇됨과 참람함이 이보다 더 심한 것은 없다.[87]

주자는 도교의 삼청설을 불교의 삼신불의 논리를 모방한 것이라고 비판한다. 이런 주자의 비판은 유교의 관점에서 나온 것임은 다시 언급할 필요도 없을 것이다. 그런데 7세기 당나라의 법휴(572~640)는 주자 이전에 불교의 관점에서 도교를 비판하고 있다. 그에 따르면, 도교의 지고신 원시천존은 불교의 교리를 가지고 조작한 신이다. 따라서 원시천존은 중국 정통의 지고신인 호천상제를 부정하기 위해 등장하는 것으로 천사도의 교주인 장릉의 말류가 의도적으로 만든 허구의 산물이다.[88]

이런 법휴와 주자의 비판에 대해 송 휘종 때의 도사 영전진寧全眞은 도교 신학의 관점에서 조정을 시도한다. 그는 "무릇 옥청은 교문에서 존귀하게 삼는 것이요, 호천은 삼계에서 존귀하게 삼는 것이다. 저마다 한 줄에 자리하고 있으니, 각기 그 존귀

---

87 "道家之學出于老子,其所謂三清,蓋傍釋氏三身而爲之爾.佛氏所謂三身:法身者, 釋迦之本性也;報身者,釋迦之德業也,肉身者,釋迦之眞身而實有之人也……而道家之徒欲傍其所爲,遂尊老子爲三清:元始天尊,太上道君,太上老君.而昊天上帝反坐其下, 悖戾僭逆, 莫此爲甚."

88 福永司光, 앞의 책, 353-354쪽.

함을 보존할 수 있는 까닭이다"[89] 라고 한다.

이런 노력에도 불구하고 호천상제만 국가의 제사대상이 되고, 옥황상제는 국가의 제사대상에서 제외된다. 이에 따라 옥황상제는 권력의 상층부에 있는 귀족들에게 외면을 받고 차츰차츰 민간신앙으로 밀려나게 된다. 이런 현상은 명청 시대에도 그대로 지속된다.

하지만 송대 이후 명청에 이르기까지 도교의 신 계보에서 옥황상제는 최고신으로 자리를 잡는다. 그리고 민간신앙에서는 옥황상제가 유불선을 총괄하면서 천상계를 주재하는 최고의 지고신으로 떠받든다. 옥황상제는 민간에서 여러 가지 영향력을 끼쳤는데, 중국 각지에 '옥황묘', '옥황전', '옥황각' 등이 건립되어 있다.

---

89 石衍豊, 「道教的三清尊神和玉皇大帝」(『道教神仙信仰研究 上』: 四川大學宗教研究所編, 2000), 47쪽. "蓋玉清爲教門之尊, 昊天爲三界之尊, 各爲一列, 各全其尊故也."

중국 산동성 태
산 정상에 있는
옥황정에 모신
옥황대제 존상

중국 산동성 태
산 정상에 있는
옥황정

태산에 있는
자기동래

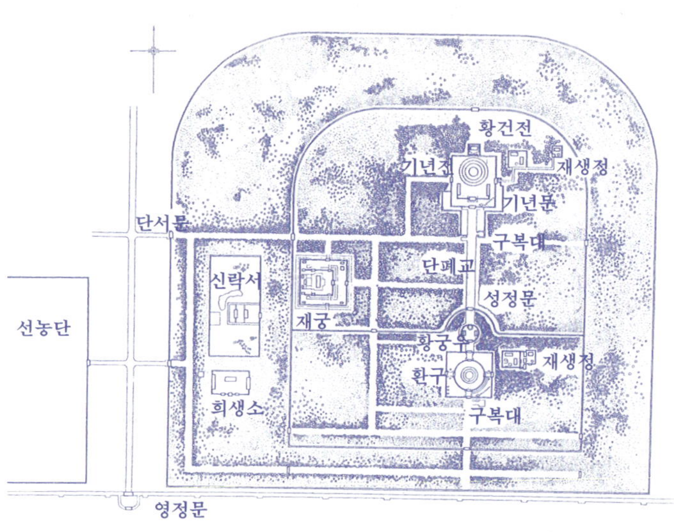

천상의 상제님께 천제를 올렸던 중국 북경 자금성에 있는 천단의 구조(위)
아래는 기년전(좌)과 기년전에 모셔진 황천상제 신위(우)

Chapter 4
동학의 도道와 제帝

앞서 살펴본 것처럼, 고대중국에서 우주만물의 존재근거와 주재자의 관계는 두 가지 방식―유교의 천과 제의 관계와 도교의 도와 제의 관계―로 분리되었다. 송대에 이르러 양자의 관계를 하나로 합치시키려는 노력이 있었다. 하지만 유교와 도교의 대립과 갈등으로 인해 결국에는 실패로 끝나고 말았다. 양자의 관계가 재결합되는 결정석 계기는 조선조 후기에 가서야 비로소 이루어진다.

도교는 도가사상을 받아들여 타력신앙과 자력신앙을 하나로 융합하는 새로운 신학체계를 구성하였다. 대도의 화신인 최고신을 타력신앙의 중심에 놓으면서도, 인간이 자기 수련을 통해 지고신과 합치하는 이상적 인간이 되는 길을 모색한다. 이런 경향은 불교의 원효나 유교의 퇴계의 경우도 마찬가지다.

원효는 대승불교의 이론체계를 구축함으로써 자력불교를 강조하면서도 일반 민중들을 위해 아미타불의 타력신앙을 주장하였다. 또한 한국의 성리학은 퇴계에 이르러 리理와 수양론을 중심으로 상제론에 대한 새로운 문제의식을 제기한다. 특히 퇴계는 경공부의 수양론를 위해 상제론의 중요성을 자각한다. 경공부의 극치는 상제론에서 시작된다. 즉 경공부는 초월적 상제를 모심에 조금의 불경스러움도 없는 경건한 마음 상태에서 비롯된다. 이는 결국 수양론과 상제론을 연결시키려는 사유이다. 우리가 여기서 주목해야 할 것은 퇴계의 상제관이 성리학의 이법천관을 수용하면서도 천제로서의 초월적 주재자의 지위를 부정하고 있는 것은 아니라는 사실이다. 퇴계 이후 조선의 유학은 대체로 천天의 주재자적 지위를 인정하는 방향으로 전개된다.[90]

이런 문제의식은 다산에게도 영향을 미친다. 다산은 천주학

---

90 박학래, 「천인지제- 인간 삶의 지표와 이상」(『조선 유학의 개념』, 예문서원, 2002), 157쪽.

에 영향을 받아 원시유교(근본유교)에서 강조되었던 '호천상제'를 통해 윤리학의 새로운 정초 가능성을 제시한다. 이는 다산이 새로운 윤리의식의 변화를 상제관의 강화를 통해 모색하는 것을 뜻한다. 다산은 당대의 사회적 혼란으로 인하여 리理가 형식화되고 무력화됨에 따라 성리학의 이법천理法天만으로는 도덕질서를 확립하는 것이 어렵다고 판단하고 상제천上帝天을 새롭게 부활하고자 하였다. 이런 다산의 천관의 변동은 수양론적 필요에 의한 시대적 변용의 결과라고 할 수 있다.[91] 다산의 공부론은 성리학의 공부론보다 세계를 주재하고 감독하는 상제의 위격과 기능을 더욱더 중시한다.

그런데 우리가 주목해야 할 것은 조선 후기에 들어 도道와 제帝의 관계문제를 제기함으로써 새로운 세상을 열려는 시도가 줄기차게 일어난다는 점이다. 김일부의 역학과 최수운의 동학이 바로 그것이다.

일부는 충청도 연산에서 스스로 '미친 한 사내'(狂一夫)로 자처하면서 한평생 우주변화의 이법을 탐구하여 선천세상의 『주역』과는 다른 후천세계의 『정역』이라는 역학체계를 정립하였

---

91 김용휘, 「수운 최제우의 시천주 사상-천관을 중심으로-」(『수운 최제우』, 예문서원, 2005), 106쪽.

다. 그는 『정역』에서 '도道'를 '체영지도體影之道'[92], '천지지도天
地之道'[93], '오황대도吾皇大道'[94], '후천지도後天之道'[95], '굴신지도屈
伸之道'[96], '후천성리지도後天性理之道'[97], '대도大道'[98], '천도天道'[99]
와 '제帝'를 '천지무궁화무옹天地无窮化無翁'[100], '화무상제化无上
帝'[101], '화옹化翁'[102], '아화화옹我化化翁'[103], '보화일천화옹普化一天
化翁'[104], '상제上帝'[105]의 관계를 중심으로 새 조화세상의 변화원
리를 제시한다.[106]

---

92 『정역』 「십오일언」
93 『정역』 「십오일언」
94 『정역』 「십오일언」
95 『정역』 「십오일언」
96 『정역』 「십오일언」
97 『정역』 「십오일언」
98 『정역』 「십오일언」
99 『정역』 「십일일언」
100 『정역』 「대역서」
101 『정역』 「십오일언」
102 『정역』 「십오일언」
103 『정역』 「십오일언」
104 『정역』 「십오일언」
105 『정역』 「십일일언」
106 김정현은 『정역주의』의 서문에서 김일부의 『정역』을 이렇게 정의한다. "무릇
정역은 대도의 참모습이며 조화를 완성한 책이다. 옛날 우리 복희 황제가 하도를 받
아 팔괘를 긋고, 황제가 천상을 살피어 갑자를 만들고, 위대한 우가 낙서를 본받
아 땅을 구획한 것은 모두 상제의 명을 밝힌 것이다."(夫正易, 大道之正體, 造化之
成書. 昔我羲皇, 受龍圖劃八卦, 皇帝觀天上作甲子, 大禹法龜文劃井地, 是皆上帝

일부는 선후천의 변화과정에서 조화옹造化翁인 '화무상제'
가 시간적 측면의 '삼극三極의 도'(무극, 태극, 황극)와 공간적 측
면의 '삼재三才의 도'(천, 지, 인)를 주재함으로써 '억음존양抑陰尊
陽'(「십오일언」)의 선천세계에서 지상의 모든 것이 오묘한 '조화공
능造化功能'(「십오일언」)으로 넘쳐나는 '조양율음調陽律陰'(「십오일
언」)의 후천세계(용화세월, 유리세계)가 전개된다고 본다.

수운과 비교하여 볼 때, 일부는 상대적으로 상제를 인격적
인 존재로 선명하게 부각하지 않고 있는 듯이 보인다. 그것은 일

김일부선생이 공부했던 계룡산 국사봉 향적산방

明命.) 김정현에 따르면, 『정역』은 대도와 상제의 관계를 중심으로 조화세계를 완
성한 책이다. 우리가 주목해야 할 것은 일부의 『정역』뿐만 아니라 수운의 동학도
조화사상에 그 중점을 두고 있다는 점이다.

부가 상제를 '천지무궁화무옹', '화무상제', '화옹', '화화옹', '보화일천화옹' 등으로 호칭하여 상제의 특성을 주로 천지조화를 주재하는 측면에 초점을 맞추고 있기 때문이다. 반면, 수운은 상제와의 직접적인 만남을 통해 무극대도의 주인이 상제임을 몸소 체험하고 도와 제의 관계를 본격적인 과제로 제기한다. 수운은 상제의 가르침을 받는 신비체험을 바탕으로 '무극대도'를 제시하고 상제(천주)와 지기의 관계를 문제로 제기한다. 그는 천주학에는 없는 동아시아 철학의 주요한 특성인 '기화신령'의 문제를 제시한다.

그렇다면 수운이 무극대도와 도道의 주재자인 제帝의 관계를 문제로 제기한 그 이유는 어디에 있을까? 수운에서 도와 제는 어떤 관계를 지니고 있는 것일까? 수운은 도의 주재자인 상제로부터 무극대도의 가르침을 받고 개벽세상을 창출할 수 있는 방안을 어떻게 제시하는가?

1) 무극대도

상제가 수운에게 내린 가르침의 핵심과제는 어디에 있는가? 상제가 수운에게 내린 가르침의 핵심요지는 위천주爲天主[107]와

---

107 『東經大全』, 「論學文」. "曰: 呪文之意, 何也? 曰: 至爲天主之字, 故以呪言之,

시천주侍天主[108]이다. 우주의 주재자인 상제를 위하고 모시는 가르침을 온 천하에 펼침으로써 '다시 개벽'의 새 세상을 열라는 것이다. 상제는 수운에게 무궁한 도를 주고 자신의 도를 밝힐 수 있는 글을 지어 모든 것을 포괄할 수 있는 도의 참법을 정하고 무궁한 덕을 펼치라는 가르침을 내렸다. 요컨대, 수운이 상제에게 받은 것은 '도성덕립道成德立'[109]의 가르침이다.

> 너에게 무궁무궁한 도법을 주노니, 닦고 다듬어 수련하여 그 글을 지어서 중생들을 가르치고 법을 정하여 덕을 펴면, 너로 하여금 장생케 하여 천하에 빛나게 하리라.[110]

그렇다면 상제가 수운을 택하여 도를 내린 까닭은 어디에 있는 것일까? 상제는 수운에게 그 이유를 이렇게 설명한다.

> 그 까닭을 물으니, 대답하였다. '나' 역시 공이 없는 까닭으로 너를 세상에 내어 이 법으로 사람들을 가르치나니 의심하지 말고 의심하지 말라.[111]

今文有古文有." ; 『東經大全』, 「祝文」. "初學呪文: 爲天主, 顧我情, 永世不忘萬事知."

108 『東經大全』, 「祝文」. "本呪文: 侍天主, 令我長生, 無窮萬事知."

109 『東經大全』, 「修德文」. "道成德立, 在誠在人."

110 『東經大全』, 「布德文」. "及汝無窮無窮之道, 修而煉之, 制其文教人, 定其法布德, 則令汝長生, 昭然于天下矣."

111 『東經大全』, 「布德文」. "問其所然, 曰: 余亦無功, 故生余世間, 教人此法, 勿疑

수운은 상제에게 이 세상에 많고 많은 사람들 가운데 왜 하필 자신에게 도를 내렸느냐고 반문한다. 상제는 태초에 천지를 개벽한 뒤 오랜 세월이 흘렀지만, 아직도 상제가 바라는 이상세계를 지상에 건설하지 못하고 아무런 공적도 이루지 못한채 부질없이 세월만 보냈다고 대답한다. 하지만 상제는 이제 수운을 만나 상제도 성공하고 수운도 득의하여 모든 것이 성공하는 새 시대를 맞이하게 되었다고 한다.

> 흐늘님 하신 말씀 개벽후 오만년에 네가 또한 첨이로다. 나도 또한 개벽 후에 노이무공勞而無功 하다가서 너를 만나 성공하니 나도 성공 너도 득의하니 너의 집안 운수로다.[112]

그렇다면 수운이 상제에게 받은 도는 과연 어떤 도인가? 수운은 상제에게 받은 도를 '천도'라고 말한다.

> 신유년에 이르러 사방의 어진 선비들이 내게 다가와 물었다. '이제 천주의 영이 선생님에게 강림하셨다고 하오니, 어찌하여 그렇습니까?' 대답하였다. '가서 돌아오지 않음이 없는 이치를 받았느니라.' 물었다. '그렇다면 무슨 도라고 이름을 할까요?' 대답하였다. '천도이니라.'[113]

勿疑."

112 『용담유사』, 「용담가」.

113 『東經大全』, 「論學文」. "轉之辛酉, 四方賢士, 進我而問曰: 今天靈, 降臨先生,

수운은 "원형이정은 천도의 항상됨이다"[114]라고 하여, '천도'를 사계절에 따라 사물을 변화시키는 항상성으로 정의한다. 정이천이 지적한 것과 같이, '원형이정'은 만물이 생성하고 성장하며 수렴하며 완성하는 연속적 변화과정을 뜻한다.[115] 따라서 수운에서 천도는 모든 사물의 존재근거로서 끝없이 변화하는 순환의 이치를 통해 천지만물의 창조적 변화과정을 현실화시키는 뚜렷한 자취를 드러낸다. 하지만 천도는 고정된 형체를 따로 지닌 것이 아니기에 그 어떤 경우에도 대상화하거나 실체화할 수 없다. 이런 의미에서 수운은 '천도'를 "형체가 없는 것 같지만, 자취가 있다"[116]고 한다.

수운에서 도는 천도이지만, 그 천도를 『용담유사』에서 모든 것을 포괄할 수 있는 다함이 없는 지극한 큰 도라는 의미에서 '무극대도'라고 규정한다.

만고 없는 무극대도 이 세상에 날 것이니, 너는 또한 연천해서 억조창생 많은 사람 태평곡 격양가를 불구에 볼 것이니,

---

何爲其然也? 曰: 受其無往不復之理也. 曰: 然則何道以名之? 曰: 天道也."

114 『東經大全』, 「修德文」. "元亨利貞, 天道之常."

115 이찬구, 『동학의 천도관 연구-유기체 철학의 관점을 중심으로-』(대전대학교 박사학위논문, 2005), 84쪽.

116 『東經大全』, 「論學文」. "夫天道者, 如無形而有迹."

이 세상 무극대도 전지무궁 아닐런가[117]

수운은 천지운수가 대통하여 최초에 천지개벽이 일어난 뒤 처음으로 무극의 대운을 받아 개벽세상을 다시 열 수 있는 무극대도를 천상의 상제로부터 직접 받았다고 노래한다.

천은이 망극하여 경신사월 초오일에 글로 어찌 기록하며 말로 어찌 형언할까? 만고없는 무극대도 여몽여각 득도로다.[118] 어화 세상 사람들아 무극지운 닥친 줄을 너희 어찌 알까보냐? 기장하다 기장하다. 이내 운수 기장하다. 구미산수 좋은 승지 무극대도 닦아내니 오만년지운수로다. 만세일지장부로서 좋을시고 좋을시고.[119]

무극대도로 비롯되는 무극대운의 새 시대가 멀지 않은 장래에 온다는 선언이다. 여기서 우리는 수운이 5만 년 운수가 다하고 새 5만 년 운수가 다시 돌아온다고 보고 있음을 확인할 수 있다. 수운이 선후천의 개념을 명확하게 제시한 것은 아니지만, 수운의 역사관은 5만 년을 주기로 하는 선후천의 변화원리에 착안한 것이다.

---

117 『용담유사』, 「몽중노소문답가」.
118 『용담유사』, 「용담가」.
119 『용담유사』, 「용담가」.

수운은 자신이 살고 있던 시대를 세상 사람들이 이기심에 사로잡혀 자신만을 위하는 극도로 혼란한 도덕붕괴의 시대로 규정한다. 하지만 수운은 천지운수는 순환하기 마련이기 때문에 이 상황을 잘 극복하면 춘삼월 꽃피는 호시절이 올 것이라고 본다. 수운은 우주만물의 운수가 연속적 순환과정에 있음을 밝힌다. 천지의 운수는 순환하여 쇠약한 운수가 지나가면 언젠가는 반드시 성대한 운수가 찾아온다는 것이다. 수운은 "십이제국 괴질운수 다시 개벽아닐런가 태평성세 다시 정해 국태민안할 것이니 개탄지심 두지말고 차차 차차 지냈어라 하원갑 지내거든 상원갑 호시절"[120]이 찾아온다고 강조한다. 이는 소강절의 '원회운세설'을 원용한 것으로 보이는데, 동아시아의 순환론의 역사관에 근거한 것이다.

선천운수가 후천운수로 바뀌는 데, 그 후천운수를 구현할 수 있는 도가 바로 무극대도이다. 수운은 선천 5만 년의 천지개벽 이래 비로소 후천 5만 년으로 전환되는 새 대운과 새 기운이 이 지상에 펼쳐진다는 뜻에서 과거에도 현재에도 없는 무극대도라고 강조한다. 동학에서 도는 유불선 삼교합일의 성격을 지닌다. 수운은 "이 도는 유불선 세 도를 겸하여 나온 것이다."[121]

---

120 『용담유사』, 「몽중노소문답가」.
121 윤석산, 『초기 동학의 역사』, 77쪽.

그렇다면 동학의 도는 어떻게 삼교를 융합하는가? 수운은 무극
대도를 통해 삼교를 부정함과 동시에 긍정하는 포월적 사유방
식을 통해 삼교를 새롭게 통일하는 작업을 수행한다.

수운은 유교와 불교가 공리공담만을 일삼아 현실사회를 구
제하는 구제책으로서는 한계상황에 봉착했다고 비판한다. 수
운은 『용담유사』 「교훈가」에서 "유도불도 누천년에 운이 역시
다했는가"라고 말한다. 그렇다고 수운이 유학이나 불학의 이상
마저 부정하는 것은 아니다.

수운에서 유교는 인간이 인간답게 사는 도덕세계를 구축하
는 데 매우 중요한 주춧돌이 된다. 개인의 자기덕성의 함양과 공
동체의 통일적 조화를 동시에 추구함으로써 인간을 포함한 천
지만물이 모두 도덕적인 질서를 이루는 이상세계를 모색하는
유교의 이상에 수운은 동조한다. 유교는 인간의 도덕성을 강조
하는 뚜렷한 장점을 지니고 있지만, 유학에서 주장하는 도덕성
을 온전하게 실현하기 위해서는 '시천주'의 가르침을 전제로 삼
아 마음과 기운을 같이 공부하는 새로운 수양론을 도출해야 한
다고 수운은 본다.

수운이 불교의 한계성에 대해 언급을 하고 있기는 하지만,

불교의 공적과 과실에 대한 뚜렷한 논증을 찾아보기 어렵다. 하지만 수운이 보기에 불교의 문제점은 도교나 유교와 마찬가지로 시천주의 가르침을 알지 못한데서 비롯된다. 왜냐하면 불교는 깨침의 마음공부가 단순히 개인의 주체적 자각에 의해 이루어지는 줄로만 알뿐 궁극적으로 '천주를 모심과 섬김'으로 실현된다는 사실을 알지 못하기 때문이다. 또한 수운의 '불연기연'의 사유방식은 불교의 사유방식을 차용한 것이 아닌가 하는 의구심이 든다. 왜냐하면 원효의 『대승기신론소』「별기」에 나오는 '불연지대연'의 사유구조와 매우 유사하기 때문이다. 물론 이런 사유방식은 도가의 사유방식에서 등장하기도 한다.

최수운 대신사가 상제님으로부터 무극대도를 받았던 용담정.

수운의 선도는 이중적 태도를 취한다. 수운은 기존의 동아시아의 삼교의 하나인 선도의 조화사상을 긍정적 입장에서 바라본다. 그리하여 우주만물의 자연조화를 수용한다. 그러나 경신년 상제체험을 바탕으로 유불선을 통합할 수 있는 사유방식의 틀을 확립한다. 우주만물의 창조적 변화작용의 이면에는 상제조화의 주재성이 깔려 있다는 것이다. 다시 말해 수운은 한편으로는 선도의 자연조화의 관점을 받아들이면서도, 다른 한편으로 상제조화에 입각하여 선도를 비판하는 입장을 지니기 때문이다. 이런 측면에서 볼 때, 수운은 상제조화에 근거하여 유불선 삼교를 하나로 융합하려고 한 것이다.

수운은 기미년(1859년)에 고향 경주에 돌아와 부친이 남겨 놓은 구미산 용담정에서 새 도를 얻기 전에는 결코 세상에 나가지 않을 결심으로 '입춘시立春詩'를 짓는다. "

도의 기운을 길이 보존하니 사악함이 들어오지 못하고, 세간의 뭇 사람들과 같이 돌아가지 않으리라.[122]

수운은 경신년(1860년) 상제체험을 바탕으로 수운의 동학은 자기 나름의 독자성을 확보한다. 그는 『동경대전』 「논학문」에

---

[122] "道氣長存邪不入, 世間衆人不同歸."

서 자신의 도를 이렇게 말한다.

> 우리 도는 지금도 듣지 못하고 옛날에도 듣지 못하던 일이요, 지금에도 견줄 만한 것이 없고 옛날에도 견줄 만한 것이 없던 법이다.[123]

수운은 자신의 도를 예전에도 들어본 적이 없고 지금도 듣지 못하는 것이며, 옛날에도 견줄 것이 없고 지금에도 견줄 것이 없는 새로운 도임을 강조한다. 그 이유는 천지개벽 이래 다시 돌아오는 후천 5만 년의 천지대운을 실현할 도이기 때문이다.

수운의 동학은 애초에 서학과의 대결구도에서 출발했다. 하지만 동양의 유불선 삼교뿐만 아니라 서양의 천주교까지도 아울러 감싸 안는 새로운 차원으로 전환을 모색한다. 그 전환의 발판을 마련하는 것이 바로 '무극대도'이다. 수운은 무극대도를 통해 동도의 관점에서 서도를 통합할 수 있는 방안을 마련한다. 그리고 수운은 동학의 관점에서 서학의 천주교를 비판하면서도 창조적으로 융합하는 과정에서 지기의 중요성을 부각시킴으로써 주재자와 인간 사이의 소통과 감응의 문제를 해명한다. 동학의 무극대도는 동양의 유불선 삼교와 서양의 천주교를 비판적으로 계승함과 동시에 창조적으로 융합하는 방식을 취한다.

---

123 『東經大全』,「論學文」. "吾道, 今不聞古不聞之事; 今不比古不比之法也."

물었다. "도가 같다고 말씀하시니 서학이라고 이름을 할까요?" 대답하셨다. "그렇지 않으니라. 내가 또한 동에서 나서 동에서 받았으니, 도는 비록 천도이나 학은 곧 동학이니라. 하물며 땅이 동과 서로 나뉘었으니 서를 어찌 동이라 이르고 동을 어찌 서라 이르겠느냐? 공자는 노나라에서 나시어 추나라에서 도를 펴셨기에 추로의 교화가 이 세상에 전해온 것이지만, 우리 도는 이 땅에서 받아 이 땅에서 폈으니 어찌 서라고 이름을 할 수 있겠는가?"[124]

수운의 무극대도는 동서양의 도를 모두 포괄한 것이다. 수운은 동과 서는 같은 하나의 천도일 뿐이다. 하지만 공부하는 방법으로서의 학문은 동서가 구분되어야함은 물론이고 중국과도 구분이 되어야 한다고 본다.[125] 서학의 도는 동학의 도와 마찬가지로 천도이기는 하지만, 도를 온전히 드러낼 수 있는 학문은 서학이 아니라 동학이다. 수운은 도道와 학學을 구분하여 사용하고 있다.

그렇다면 수운의 동학은 서학과 어떤 점에서 구별되는 것일가? 수운은 서학과 동학의 차이점을 이렇게 설명한다.

---

124 『東經大全』, 「論學文」. "曰: 同道言之, 則名其西學也. 曰: 不然, 吾亦生於東, 受於東. 道雖天道, 學則東學, 況地分東西, 西何謂東, 東何謂西? 孔子生於魯風於鄒, 鄒魯之風, 傳遺於斯世, 吾道受於斯布於斯, 豈可謂以西名之者乎?"
125 김용휘, 『우리 학문으로서의 동학』, 56-57쪽.

물었다. "양도와 다름이 없습니까?" 대답하셨다. "양학은 우리 도와 같은 듯하나 다름이 있고 비는 것 같으나 실지가 없느니라. 그러나 운도 하나요 도도 같으나, 이치는 아니니라." 물었다. "어찌하여 그렇습니까?" 대답하셨다. "우리 도는 함이 없이 변화하는 것이라. 그 마음을 지키고 그 기운을 바르게 하며 그 성품을 거느리고 그 가르침을 받으면, 자연한 가운데 변화해나가는 것이다. 서양 사람은 말에 차례가 없고 글에 순서가 없으며 도무지 천주를 위하는 단서가 없고 다만 제 몸만을 위하여 빌 따름이다. 몸에는 기화지신이 없고 학에는 천주의 가르침이 없으니, 형식은 있으나 자취가 없고 생각하는 것은 같지만 주문이 없는지라, 도는 허무한데 가깝고 학은 천주를 위하는 것이 아니니, 어찌 다름이 없다고 하겠는가?"[126]

서학과 동학은 운運과 도道는 같지만, 이치가 서로 다르다. 하지만 학문으로서의 동학은 서학과 구별된다. 동학은 상제의 가르침을 받드는 학문이다. 하지만 서학은 제 한 몸만 위하는 학문으로 상제의 가르침을 온전히 받들지 못하는 한계점을 지닌다. 수운은 동학의 상제와 서학의 상제가 따로 있는 것으로 보지는

---

[126] 『東經大全』, 「論學文」. "曰: 與洋道無異者乎? 曰: 洋學如斯而有異, 如呪而無實, 然而運則一也, 道則同也, 理則非也. 曰: 何爲其然也? 曰: 吾道無爲而化矣. 守其心正其氣, 率其性受其敎, 化出於自然之中也. 西人, 言無次第, 書無皁白, 而頓無爲天主之端, 只祝自爲身之謀, 身無氣化之神, 學無天主之敎, 有形無迹, 如思無呪, 道近虛無, 學非天主, 豈可謂無異者乎?"

않는다. 이 세상을 주재하는 상제는 오직 한 분일 따름이다. 단지 상제를 모시는 방법론의 측면에 차이가 있다.

그렇다면 수운이 동양의 유불선과 서양의 천주학을 하나로 융합하는 근거는 어디에 있는가? 천주와 천주의 가르침에 있다. 수운이 유불선의 하나인 선도를 포함하는 그 근거는 천주에 있다. 즉 자연조화의 존재근거를 이루는 '천주조화'이다. 수운이 보기에 모든 자연조화에는 그 조화를 주관하는 조화주 상제가 있기 때문에 가능하다. 불교와 유교의 경우도 마찬가지다. 불교의 해탈과 유교의 도덕은 모두 천주의 가르침에 근거할 때, 비로소 온전할 수 있다. 천주학의 경우는 천주를 위하면서도 정작 그 천주를 위하는 올바른 방법을 알지 못한다는 데 있다.

수운의 가르침은 '시천주'의 주문에 오롯이 들어 있다. 문제의 관건은 동학에서 모든 변화는 상제조화에 근거해서 발현되는 것이기 때문에 인간이 자기조화를 실현하기 위해서는 무엇보다 먼저 상제조화를 자신의 근거로 삼아야 한다는 점이다. '시천주'가 바로 그것이다. '시천주'하여 무극대도가 발현될 때, 5만 년의 무궁한 무극대운이 열려 지상신선세계로 변화된다는 것이다. "무극대운이 닥친 줄을 너희들이 어찌 알겠느냐"에서 무극대운이란 선후천이 바뀌는 대운을 말하는 것으로, 선천의 상극

세상이 개벽되어 후천의 상생세상이 열리는 것을 뜻한다. 선천 5만 년 동안의 묵은 기운을 거두고 새 세상의 기운을 열어주는 것이다.

수운은 무극대도를 선천의 천지개벽 이래 그 어떤 성자의 가르침에서도 찾아볼 수도, 비교할 수도 없는 전무후무한 가장 위대한 가르침이라고 본다. 왜 그런 것일까? 우주만물의 주인인 상제의 가르침을 받들어서 새 개벽세상을 열 수 있는 진리이기 때문이다. 즉 기존의 모든 세계와 인간의 문제를 말끔하게 해소할 수 있는 무궁무진한 조화능력을 지닌 대도이기 때문이다. 중요한 것은 수운이 상제와의 직접 만나고 주체적 체험을 통해 무극대도를 깨달은 것은 사실이지만, 무극대도

최수운 대신사 동상(경주 용담정)

의 궁극적 실현은 자신의 역량으로 이루어질 수 있는 차원의 것
이 아님을 자각한 것이다.

2) 상제

수운의 『동경대전』과 『용담유사』에는 우주만물의 주재자
에 대한 다양한 호칭이 있다. '상제'와 '천주'와 'ᄒᆞᄂᆞᆯ님' 등이 바로
그것이다.[127] 그렇다면 수운에서 우주만물의 주재자는 과연 어
떤 존재인가?

> 호천금궐 상제님을 네가 어찌 알까 보냐.[128]
> 이것을 병에 써보니 혹 차도가 있고 또 차도가 없으므로 그
> 실마리를 알지 못하다가 그 그러한 까닭을 살펴보니 정성을
> 드리고 또 정성을 드려서 천주를 지극히 위하는 사람은 매양
> 들어맞고, 도덕을 따르지 않는 사람은 하나같이 효험이 없으
> 니 이는 받는 사람의 정성과 공경이 아니겠는가?[129]
> 어화 세상 사람들아 이내 경계하는 말을 세세명찰 하온 후에
> 잊지 말고 지켜내어 성지우성 공경해서 ᄒᆞᄂᆞᆯ님만 공경하소. 처

---

127 표영삼, 『수운의 삶과 생각 동학1』(서울: 통나무, 2004), 109쪽.

128 『용담유사』, 「안심가」.

129 『東經大全』, 「布德文」. "到此用病, 則或有差不差, 故莫知其端, 察其所然, 則
誠之又誠, 至爲天主者, 每每有中, 不順道德者, 一一無驗, 此非受人之誠敬耶?"

자 불러 효유하고 영세불망 하였어라.[130]

고대 동아시아에서 주재자의 호칭으로 사용한 것은 '상제上帝'이다. 고대 중국에서는 '상제', '호천상제', '황천상제' 등의 호칭을 사용하였고, 고대 한국에서는 '삼신상제', '삼신일체상제' 등의 호칭을 사용하였다. 따라서 고대 동아시아에서 주재자의 호칭으로 가장 오래된 것일 뿐만 아니라 신의 주재성을 가장 잘 드러내고 있는 것은 '상제'라고 할 수 있다.

사마천의 『사기』 「봉선서」에는 진시황이 '팔신八神'에게 제사를 올린 기록이 있다. '천주'는 본래 '팔신'('천주', '지주', '병주', '음주', '양주', '월주', '일주', '사시주')의 하나로서 하늘 공간을 주재하는 신을 말한다. 그러나 수운에서 '천주'는 한문으로 저술된 『동경대전』에 나오는 용어인데, 단순히 하늘이란 제한된 공간을 주재하는 것을 말하는 것이 아니라 온 우주를 다스리는 주재자를 말한다.

수운이 천주라는 용어를 사용한 것은 천주교의 영향을 받아서 『천주실의』에 나오는 "우리나라의 천주는 곧 중국 말로 상제이다"[131]라는 말을 수용했을 가능성도 완전히 배제할 수는 없

---

130 『용담유사』, 「교훈가」.
131 "吾國天主卽華言上帝."

다. 그러나 문제는 천주교의 천주와 고대 동아시아의 상제는 뚜렷하게 구별된다는 점이다. 왜냐하면 천주교의 천주가 유일신으로서 창조주의 성격을 강조한다면, 고대 동아시아의 상제는 우주만물의 변화작용을 주재하는 조화주의 특성을 강조하기 때문이다.

수운에서 '호늘님'은 천상의 주재자를 뜻하는 '천주'의 한글 표현이라 할 수 있다. '호늘님'은 한글로 지은 『용담유사』에 나오는 용어이다. '호늘님'은 '하늘'과 존칭어 님의 결합이다.

주재자에 대한 세 가지 호칭은 이름은 다르지만 우주만물을 주재하는 지존무상의 주재자를 말하는 측면에서는 같은 사실을 다르게 표현하는 것에 지나지 않는다. 그런데 주목해야 할 것은 수운이 주재자의 호칭으로 가장 먼저 사용한 것은 '상제'라고 할 수 있다. 왜냐하면 수운이 경신년 신비체험을 통해 상제를 만났을 때 상제는 자신이 옛날부터 세상 사람들이 떠받들어온 상제라고 신원을 밝힌 뒤 수운에게 자신을 아버지라고 부르게 하고 시천주의 천명을 내렸기 때문이다.

동학의 상제관은 신과 인간의 직접적인 만남에서 출발하였다. 수운은 보통 사람들이 쉽게 만날 수 없는 초월적 상제와의

만남을 통해 천지만물을 주재하는 인격적 상제가 존재한다는
사실을 분명하게 확인한다.

사월에 뜻밖에도 마음이 선뜩해지고 몸이 떨려서 무슨 병인
지 알 수도 없고 말로 형언하기도 어려울 즈음에 어떤 선어가
홀연히 귀에 들리므로 놀라 일어나 캐어물었다. 대답하시기
를 "무서워하지 말고 두려워하지 말라. 세상 사람들이 나를
상제라 이르거늘, 네가 상제를 알지 못하느냐?" 고 하셨다.[132]

수운은 1860년 경신년 4월 초 5일 천상문답사건에서 실체적
인 체험을 통해 인격성을 가지고 실재하는 초월자로서의 상제
(천주)를 만나게 된다.[133] 수운은 상제를 만나 문답을 하는 과정
에서 상제의 가르침을 천명天命으로 받고 동시에 세상을 구제하
는 '영부'와 '주문'을 하늘의 선물로 받는다.[134]

그렇다면 수운에서 상제는 어떤 존재인가? 상제는 인간을 포
함한 천지만물의 창조적 변화작용을 주재한다.

---

132 『東經大全』, 「布德文」. "不意四月, 心寒身戰, 疾不得執症, 言不得難狀之際,
有何仙語忽入耳中, 驚起探問, 則曰: '勿懼勿恐, 世人謂我上帝, 汝不知上帝耶?'"

133 최제우가 상제를 만나 득도하는 신비체험은 오두미도의 장도릉이나 신천사
도의 구겸지 등의 초기 도교 교주들의 득도 상황과 매우 유사한 측면이 있다. <정
재서, 『한국도교의 기원과 역사』, 63쪽을 참조바람.>

134 『東經大全』, 「布德文」.

대저 예로부터 지금까지 봄과 가을이 번갈아 갈마들고, 사계절의 번성과 쇠퇴가 옮기지도 않고 바뀌지도 아니하나니, 이 또한 천주조화의 자취가 온 천하에 밝게 드러난 것이다. 어리석은 사내와 어리석은 백성은 비와 이슬을 내려 주시는 (천주의) 은택인 줄을 알지 못하고 함이 없이 절로 변화하는 줄만 안다.[135]

수운에 따르면, 천지만물의 자연변화를 가능케 하는 그 바탕에는 모든 변화를 주관하는 조화주의 주재성이 전제되어 있다. 모든 변화는 '천주조화'의 자취가 온 천하에 뚜렷하게 드러난 것이다. 그런데도 세상 사람들은 천주조화의 은덕을 잘 알지 못하기 때문에 모든 변화가 거저 그냥 이루어진다고 생각한다. 하지만 모든 변화는 조화옹인 천주조화의 주재성에 의거해 발현된다.

그렇다면 세상 사람들이 이런 사실을 올바르게 인식하지 못하는 것은 무엇 때문일까? 그 까닭은 천주가 우주변화를 주재한다는 사실을 제대로 알지 못하는 데서 생겨나는 것이다. 다시 말해 천주조화를 온몸으로 체험하지 못한 데서 비롯되는 것이다. 수운은 이를 기연과 불연의 방법론의 측면에서 해명한다. 세상

---

135 『東經大全』, 「布德文」. "盖自上古以來, 春秋迭代, 四時盛衰, 不遷不易, 是亦天主造化之迹, 昭然于天下也. 愚夫愚民, 未知雨露之澤, 知其無爲而化矣."

에 아무리 어리석은 사람일지라도 사계절의 자연변화는 알 수 있다고 하는 측면에서 보면 기연이고, 어리석은 사람들이 모든 사물현상의 존재근거인 천주를 알지 못한다는 측면에서 보면 불연이다.

그런데 천주가 우주변화를 주재한다고 해서 전제군주처럼 자신의 의지와 주관에 따라 마음대로 주재하는 것은 아니다. 천주가 우주변화를 주재하는 것은 어디까지나 천지이법에 근거해서 이루어지는 것이다. 이렇게 볼 때, 수운에서 모든 변화는 결국 '천주조화'의 주재성과 통치성에 근거해서 일어나는 것이라고 할 수 있다.

3) 지기至氣

기氣는 현대를 살아가는 대부분의 사람들에게 아주 낯선 개념이다. 또한 기는 서구인의 세계관을 가지고는 이해하기 힘든 동아시아 철학의 특수한 개념이다. 하지만 동아시아 사람들의 일상생활에서 기만큼 사람들의 입에 자주 오르내린 말도 드물다. '곡기穀氣', '공기空氣', '열기熱氣', '살기殺氣', '온기溫氣', '생기生氣', '한기寒氣', '기절氣絶', '기합氣合', '기분氣分', '기진맥진氣盡脈盡' 등이 그것이다. 『좌전』에서 자연의 변화를 '육기六氣'를 가지고 설명한 이래, 기론은 동아시아의 철학, 과학, 의학, 종교 등의 다양한 분야에서 매우 광범위하게 적용되었다.[136] 수운에서 기론은 상제관, 우주관, 인간관, 공부론 등의 전체 사상체계를 이해하는 데 있어 매우 중요한 사상이다.

동아시아 사상사에서 볼 때, 수운의 상제관은 탁월한 측면을 지니고 있다. 왜냐하면 수운이 서학의 상제관을 비판하는 과정에서 기화론氣化論의 중요성을 절감하고, 신과 인간의 관계에 대한 새로운 연결고리를 제시하기 때문이다. '기화지신氣化之神'이 바로 그것이다.

'기화지신'은 두 가지 측면이 내재되어 있다. 안으로는 신령이 존재하고, 밖으로 기화작용이 있다. 천지만물의 기화작용은 신령이 있기 때문에 가능하다. 수운에서 기화론의 사유방식은 신과 만물 사이의 감응과 소통의 연결고리를 제시하기 위한 것이다. 신묘한 기화작용이 없다면, 신과 인간의 관계뿐만 아니라 인간과 사물의 관계나 인간과 인간의 관계도 이루어질 수 없다. 왜냐하면 신을 포함한 모든 존재는 하나의 기운으로 서로 연결되어 있기 때문이다.

---

136 김교빈 외, 『기학의 모험1』(서울: 들녘, 2004), 40쪽.

수운의 동학에서 우주만물은 두 가지 존재근원을 지닌다. 지기至氣와 상제上帝가 바로 그것이다. 지기는 우주만물을 생겨나게 하고 변화하게 하는 모든 생명의 역동적인 존재근원이고, 상제는 지기를 포함한 이 세계에 존재하는 모든 생명을 통치하고 주재하는 주재적 존재근거이다. 모든 생명의 자연적 존재근원인 지기와 주재적 존재근거인 상제는 상호 밀접한 연관성을 지닌다.

수운에서 지기는 우주만물의 통일적 존재근원으로서 '혼원일기渾元一氣'이다. 그렇다면 '혼원일기'란 구체적으로 무엇을 뜻하는 것인가?

> 지至라는 것은 지극한 것이다. 기氣라는 것은 허령함이 창창하여 일마다 관계하지 않음이 없고 일마다 명령하지 않음이 없다. 그러나 모양이 있는 듯하나 형상하기 어렵고 들을 수 있는 듯하나 볼 수 없으니, 이것이 곧 혼원한 일기一氣이다.[137]

여기서 '혼원일기'란 본래 천지의 음양기운이 갈라지기 이전에 모든 기운이 하나로 융합된 우주생명의 근원적 기운을 말한다. 모든 생명은 '혼원일기'에 근거해서 생겨나고 변화한다. '혼원

---

137 『東經大全』, 「論學文」. "曰至者, 極焉之爲至. 氣者, 虛靈蒼蒼, 無事不涉, 無事不命, 然而如形而難狀, 如聞而難見, 是亦渾元之一氣也."

일기'와 만물은 '일一'(통일성)과 '다多'(다양성)의 관계에 있다. '혼
원일기'는 무형의 통일성이고, 만물은 유형의 다양성이다. 무형
의 통일성인 '혼원일기'에 근거해서 유형의 천지만물이 생겨나고
변화하는 것이다.

수운은 "음과 양이 서로 균형을 이루어, 비록 온갖 사물이
그 속에서 변화해 나오지만, 오직 사람만이 가장 신령한 것이
다."[138]라고 하여, 모든 사물은 이 혼원일기에 근거해 음양의 기
운이 역동적 균형과 조화를 이루는데서 생겨나고 변화한다고
본다.[139] 수운에서 혼원일기의 지극한 기운은 우주만물의 자연
적 운행과 변화를 담당하는 것으로 '조물자造物者'[140]와 같은 의
미를 지니고 있다. 따라서 지기로서의 조물자는 기운으로 변화
하는 신이기 때문에 자연신이라고 할 수 있다. 상제는 조물자인
자연신에 근거하여 우주만물을 다스리는 주재신이다. 상제가
위대한 것은 바로 조물자를 포함한 우주만물의 변화작용을 주
관할 수 있는 조화권능을 지닌 조화주이기 때문이다. 여기서 우

---

138 『東經大全』, 「論學文」. "陰陽相均, 雖百千萬物, 化出於其中, 獨惟人最靈者
也."

139 『용담유사』 「도덕가」. "천지음양 시판 후에 백천만물 화해 나서 지우자 금수
요 최령자 사람이라."

140 『東經大全』, 「不然其然」.

리는 수운이 자연신과 주재신의 관계를 하나로 융합하고 있음을 볼 수 있다.

수운에서 모든 존재는 음양의 기화작용을 통해 자신을 드러낸다. 상제이든 천지이든 귀신이든 관계없이, 존재하는 모든 것은 기적 변화작용을 떠나서는 존재할 수 없다.

> 내 마음이 곧 네 마음이니라. 사람이 어찌 이를 알리요? 천지는 알아도 귀신은 모르니, 귀신이라는 것도 나이니라.[141]
> 천지 역시 귀신이요 귀신 역시 음양인줄 이같이 몰랐으니 경전 살펴 무엇하며 도와 덕을 몰랐으니 현인군자 어찌 알랴![142]

상제도 지기의 기화작용과 깊은 연관성을 지니고 있다. 상제는 지기의 기화작용을 주재하면서 우주만물과 서로 소통하고 감응하기 때문이다. 하지만 상제가 곧 지기와 동일한 존재는 아니다. 모든 기저 변화작용을 주재하는 상제가 없다면, 기의 조화작용이 온전하게 드러날 수 있다는 보장이 없기 때문이다. 동학에서 상제와 지기의 관계는 양자가 따로 떨어져 있는 것도 아니고 하나로 붙어 있는 것도 아니기 때문이다.

---

141 『東經大全』, 「論學文」. "吾心則汝心也, 人何知? 知天地而無知鬼神, 鬼神者吾也."
142 『용담유사』, 「도덕가」.

동학의 연구자들은 양자의 관계에 대한 두 가지 다른 해석을 내놓고 있다. 하나는 상제조화의 주재성보다는 지기조화의 작용성에 초점을 맞추어 인간의 자력성을 주장하는 입장이다. 이는 상제조화의 주재성이 인간의 몸에 이미 내재되어 있기 때문에 인간이 창조적으로 지기조화를 실현할 수 있다면 이 세상을 조화가 넘치는 이상사회로 만들 수 있다는 입장이다.

다른 하나는 지기조화의 작용성보다 상제조화의 주재성을 강조함으로써 상제신앙의 타력성을 주장한다. 이는 모든 변화

최수운 선생의 유허지

의 근거는 상제조화에 의거한 것이기 때문에 상제에 대한 믿음
을 통해 지기조화를 실현함으로써 이 세상을 조화가 넘치는 이
상세계로 만들 수 있다는 입장이다. 이후 동학의 상제관은 대체
로 상제의 주재성보다는 지기의 작용성에 초점을 맞추는 방향
으로 전개된다. 하지만 상제조화의 주재성과 지기조화의 작용
성은 하나도 아니고 둘도 아니기 때문에 양자의 이중적 관계에
주목해야 한다.

4) 도道와 기氣와 제帝

동학에서 도의 연원은 분명히 상제에 있다. 수운은 새로운
우주문명의 전개가능성으로 '다시 개벽'을 제시하면서 무극대
도의 연원이 온갖 조화를 주재하는 상제로부터 비롯된다는 사
실을 분명히 언급하고 있나. 하지만 수운은 상제로부터 무극대
도를 선수받고서도 확신을 하지 못하고 잠시 망설였다. 상제는
수운에게 모든 일이 선후천의 변화이법에 의해서 이루어진 것
으로, 그것은 곧 상제조화로부터 이루어진다는 사실을 다시 한
번 각성시킨다. 모든 일의 주재자가 바로 상제이고, 그 상제조화
로부터 모든 일이 새롭게 변화된다는 것이다.

수운의 동학에서 도와 제의 관계는 개벽사상과 밀접한 관계가 있다. 수운의 다시 개벽의 도인 무극대도는 후천 5만 년 동안 지속될 새 조화문명의 대도이다. 새 조화문명의 대도를 주관하는 도의 주인이 바로 상제이다. 수운은 도와 주재자의 관계를 이렇게 제시한다. 무극대도(천도)와 상제(천주, ᄒᆞ늘님)의 관계가 바로 그것이다.

수운의 가르침은 두 가지로 요약할 수 있다. 하나는 만고에 없는 무극대도를 내려주고 그 무극대도를 주재하는 것은 상제라는 사실이다. 다른 하나는 상제의 무극대도의 가르침을 온 천하에 펼쳐 다시 개벽을 통해 이 땅위에다 지상 신선세계를 열고자 하였다는 점이다.

> 정심수도 하였어라. 시킨대로 시행하여 차차차차 가르치면 무궁조화 다던지고 포덕천하 할 것이니 차제도법 그뿐일세. 법을 정코 글을 지어 입도한 세상사람 그날부터 군자되어 무위이화될 것이니 지상신선 네 아니냐.[143]

최수운(1824~1864)은 『동경대전』 「논학문」에서 서학이 '천시'와 '천명'을 받은 것은 아닐까 하는 의문을 낸 적이 있다. 그러나 수운은 서학이 개인의 구복에만 관심을 둘 뿐 상제를 위한

---

143 『용담유사』, 「교훈가」.

단서를 찾아볼 수 없고 또한 몸에는 기화지신이 없기 때문에 참으로 세상을 구제할 수 있는 학문이 아니라고 주장한다. 그는 자신의 동학이 세상 사람들로 하여금 천주를 위하고 모시는 가르침을 펼칠 수 있는 천시와 천명을 받았다고 본다.

수운의 동학은 모든 천하의 백성들을 동학으로 가르쳐 '동귀일체同歸一體'하게 하라는 것이다. 동귀일체란 모든 사람들이 성경신을 다하여 한몸으로 상제에 귀의하여 모시고 섬기면서 상제의 뜻에 따라 살아가는 일에 전심전력을 다하라는 것이다. 상제와 함께 하는 삶이 바로 동귀일체의 삶이다. 인간이 다같이 상제에게 귀의하는 동귀일체가 바로 새 세상을 열 수 있느냐 없느냐의 관건인 것이다.

그런데 중요한 것은 수운이 동학을 전개함에 있어 서양철학과 구별되는 동아시아 철학의 특성인 기화론氣化論의 사유를 제시하여 도와 제를 연결하는 고리로 삼는다는 점이다. 앞서 살펴본 것처럼, 수운은 이 기화론을 중심으로 서학의 상제관의 한계점을 비판히고, 신과 인간 사이의 소통과 감응의 새 연결고리를 제시한 것이다. 이 점이 동학의 주요한 특성이다.

동학의 기화론과 관련하여 우리가 간과해서는 안 될 점은 동학에서 타력신앙과 자력신앙이 긴밀하게 연결되어 있다는 점이다. 수운은 시천주의 신비체험을 통해 두 가지 자각을 동시에 이룬다. 하나는 삼라만상을 주관하는 초월적 상제의 주재성을 자각하고 외적으로 상제를 섬기는 일이고, 다른 하나는 자아 공부를 통해 상제와 하나로 연결되어 자신 속에 상제를 모시는 일이다.

수운은 인간이 외재적 상제와 하나가 되기 위해서는 수련 공부가 필요하다고 역설한다. 수운에서 수련 공부의 핵심은 주문呪文공부이다.

> 열세자 지극하면 만권 시서 무엇 하며 심학이라 하였으니 불망기의 하였어라. 현인군자 될 것이니 도성입덕 못 미칠까[144]

수운은 '시천주' 주문 13자만 지극정성으로 외우면 누구나 현인군자가 될 수 있다고 강조한다. 그렇다면 어떻게 시천주 주문공부를 하면 현인군자가 될 수 있는가? 시천주 주문공부는 '수심정기修心正氣'[145]를 하기 위한 것이다. 상제를 지극히 섬기고 수행을 통해 자신의 마음과 몸 기운을 통일하여 상제의 마음과 기운에 상통하기 위한 공부인 것이다. 따라서 시천주 주문공부

---

144 『용담유사』, 「교훈가」.

145 "인의예지는 옛 성인의 가르침이요, 수심정기는 오직 내가 다시 정한 것이다."

는 인간이 마음과 몸 기운을 조화롭게 하는 '심화기화心和氣和' 의 공부를 통해 상제를 포함한 천지만물과 봄처럼 따스한 거대한 화해(춘화春和)를 이루기 위한 것이다. 수운은 「제서題書」에서 이렇게 말한다.

> 얻기도 어렵고 구하기도 어려우나 실로 어려운 것이 아니니라.
> 마음과 몸을 따사롭게 하여 봄의 따사로움을 기다리노라.[146]

수운은 「시문詩文」에서 온몸과 온세상이 사시장철 봄이 되는 그날을 학수고대하는 심정을 이렇게 노래한다.

> 봄 소식을 애타게 기다려도,
> 봄빛은 끝내 오지 않네.
> 봄빛을 좋아하지 않는 것은 아니나,
> 오지 아니하니 때가 아닐세.
> 제철이 오면,
> 기다리지 않아도 절로 오네.
> 봄바람이 간밤에 불어,
> 온갖 나무가 일시에 알아차리네.
> 하루에 한 송이 꽃이 피고,
> 이틀에 두 송이 꽃이 피네.
> 삼백 예순 날이 되면,

---

146 "得難求難, 實是非難. 心和氣和, 以待春和."

삼백 예순 송이가 피네.
온몸이 다 꽃이면,
온집이 다 봄일세.[147]

147 "苦待春消息, 春光終不來. 非無春光好, 不來則不時. 玆到當來節, 不待自然來. 春風吹去夜, 萬木一時知. 一日一開花, 二日二開花. 三百六十日, 三百六十開, 一身皆是花, 一家都是春."

Chapter 5
증산도에서 도道와 제帝

한국사상사에서 상제(천주)의 존재를 결정적으로 부각시킨 이는 최제우이다. 최제우의 동학은 기화론을 중심으로 자연신과 주재신의 관계를 새롭게 설정함으로써 서구의 천주학이 지닌 신의 초월성과 내재성의 긴장관계를 해소하려고 하였다. 서구신학의 한계성을 돌파한 수운의 동학을 수용하면서도 동양의 유불선—유교의 천天과 제帝의 관계, 도가와 도교의 도道와 제帝의 관계, 불교의 미륵불과 도道의 관계—에 대한 새로운 이정표를 마련한 것은 증산도이다. 증산도는 "동방에서는 우주 삼계(天地人)의 생명의 근원과 그 변화의 길을 일러 도道라 하고, 이 도의 '주재자 하느님'을 제帝 또는 상제上帝라 불러"(『도전』 1:4)왔다고 하여, 도道와 제帝의 관계를 문제로 설정한다.

오랫동안 잊어버리고 잃어버린 한민족의 삼신상제론을 복원하려는 그 중심에 증산도가 있다. 증산도는 한민족의 고유한 상제신앙인 삼신상제관을 수용하고 도가와 도교, 수운의 동학에 이르는 도道(천天)와 제帝의 관계를 비판적으로 통찰할 뿐만 아니라 창조적으로 융합하여 무극대도와 지기와 옥황상제(도교)[호천상제(유교)와 미륵불(불교)]를 하나로 융합한다. 그렇다면 증산도는 도道와 기氣와 제帝를 각기 어떻게 설명하고 있는가?

1) 무극대도

도는 우주생명의 궁극적 존재근거이자 우주생명이 생성하고 변화하는 조화造化의 길이다. 여기서 우리가 말하는 '조화'란 우주만물을 창조적으로 변화시키는 근원적 힘을 말한다. 다시 말해 조화란 누가 그렇게 되도록 시키지 않아도 저절로 그러하게 또는 스스로 그러하게 변화할 수 있는 원동력을 뜻한다. 우주만물은 천도와 지도와 인도의 삼박자에 의해 생명의 춤을 추는데, 그 중추적 역할을 수행하는 것은 신도이다.

신도는 우주생명의 주재자가 조화작용을 가지고 '함 없는 조화'(무위이화)로 천지만물을 다스리는 것을 말한다.

神道(신도)는 至公無私(지공무사)하니라.
신도로써 만사와 만물을 다스리면 신묘神妙한 공을 이루나니 이것이 곧 무위이화니라.(『도전』 4:58:2-3)

천도와 지도와 인도와 신도라는 네 가지의 도가 하나로 융합된 것이 바로 '무극대도'(『도전』 1:8)이다. 무극은 이 세상에 존재하는 모든 것을 포괄한다는 뜻으로 모든 생명을 창조적으로 변화시키는 조화의 근거인 대도를 형용하는 것이다.

무극대도는 선(『도전』 11:250), 선도(『도전』 1:8), 증산도(증산의 도), 관왕의 도(『도전』 2:150), 상생의 대도(『도전』 2:18), 중통인의의 도(『도전』 2:22), 내성외웅의 도(『도전』 2:27) 등 다양한 호칭을 지니고 있다. 특히 관왕의 도는 유불선이 추구하는 궁극적 이상이 통합된 가장 이상적인 도를 말한다.

佛之形體(불지형체)요 仙之造化(선지조화)요 儒之凡節(유지범절)이니라. 受天地之虛無(수천지시시허무)하여 仙之胞胎(선지포태)하고 受天地之寂滅(수천지지적멸)하여 佛之養生(불지양생)하고 受天地之以詔(수천지지이조)하여 儒之浴帶(유지욕대)하니 冠旺(관왕)은 兜率(도솔) 虛無寂滅以詔(허무적멸이조)니라.
불도는 형체를 주장하고 서도는 조화를 주장히고 유도는 범절을 주장하느니라. 천지의 허무한(無極) 기운을 받아 선도

가 포태하고 천지의 적멸한(太極의 空한) 기운을 받아 불도
가 양생하고 천지의 이조(皇極)하는 기운을 받아 유도가 욕
대하니 이제 (인류가 맞이한) 성숙의 관왕(冠旺) 도수는 도솔
천의 천주가 허무(仙) 적멸(佛) 이조(儒)를 모두 통솔하느니
라.(『도전』 2:150:1-3)

여기서 우리가 주의해야 할 점은 증산도에서 말하는 선仙은
이중적 의미를 동시에 지니고 있다는 점이다. 유불선의 하나인
선과 유불선을 포함하면서 동시에 새롭게 넘어서는 선이 바로
그것이다.[148]

증산도의 무극대도는 넓은 의미에서는 동서양의 모든 종교
의 가르침을 포괄하지만, 좁은 의미에서는 유불선 삼교를 통일
하는 대도이다. 무극대도는 삼계대권의 조화권능을 지닌 우주
생명의 조화주가 구천지와 구문명을 새롭게 개조함으로써 새
우주문명을 열 수 있는 조화의 대도를 말한다.

무극대도는 네 가지 의미를 함축하고 있다. 첫째, 자연개벽의
도로서 천지조화(『도전』 2:21:4)의 도를 말한다. 선천세상은 하늘
과 양만 존숭하고 땅과 음은 비천한 것으로 여긴 '천존지비天尊

---

[148] "나의 도(道)는 사불비불(似佛非佛)이요, 사선비선(似仙非仙)이요, 사유비유
(似儒非儒)니라. 내가 유불선의 기운을 쪽 뽑아 선(仙)에 붙여 놓았느니라."(『도
전』 4:8:8-9)

地卑'와 '억음존양抑陰尊陽'의 세상이었기 때문에 천지와 음양의
상관관계가 서로 소통을 이루지 못하였다.

선천은 천지비天地否요, 후천은 지천태地天泰니라. 선천에는
하늘만 높이고 땅은 높이지 않았으니 이는 지덕地德이 큰 것
을 모름이라. 이 위에는 하늘과 땅을 일체로 받드는 것이 옳
으니라.(『도전』 2:51:1-3)
선천은 억음존양抑陰尊陽의 세상이라. 예전에는 억음존양이
되면서도 항언에 '음양陰陽'이라 하여 양보다 음을 먼저 이르
니 어찌 기이한 일이 아니리오. 이 뒤로는 '음양' 그대로 사실
을 바르게 꾸미리라.(『도전』 2:52:1-5)

선천의 천지는 불통과 비색의 관계를 이루었다. '천지비天地
否'가 바로 그것을 대변한다. 천지비는 하늘은 양으로서 위에 있
고 땅은 음으로서 아래에 있어 천지와 음양의 조화기운이 부조
화를 이루는 상극관계를 상징한다. 증산상제는 천지와 음양의
관계를 새롭게 설정하려고 한다. 천지비의 불통과 불화의 관계
를 '지천태地天泰'의 소통과 감응의 관계로 전환하려고 한다. 지
천태는 땅은 음으로서 위에 있고 하늘은 양으로서 아래에 있어
천지와 음양의 조화기운이 상호 교감하는 관계를 상징한다. 천
지와 음양의 소통관계가 되살아나는 지천태의 도가 바로 선천

의 상극질서를 후천의 상생질서로 변화시키는 자연개벽의 도道
이다.

둘째, 인간개벽의 도로서 인간의 '자기조화自己造化의 도'[149]
를 말한다. 여기서 '자기조화의 도'란 인간이 자유자재로 조화를
부릴 수 있는 도를 말한다. 왜냐하면 인간의 마음과 몸은 각기
'천지만령天地萬靈'의 주인이자 '음양조화陰陽造化'의 저택이기 때
문이다. 그런데도 인간은 자기의 참모습을 알지 못하고 외부 사
물에 얽매여 자기조화의 도를 맘껏 실현하지 못하고 있다. 따라
서 '자기조화의 도'라는 것은 곧 "천하창생을 새사람으로 만"(『도
전』 2:79:14)드는 도를 일컫는다.

인간이 '자기조화의 도'를 체득하여 천지조화에 능동적으로
참여하기 위해서는 그것의 근거인 '천지일심'을 배워야 한다. 왜
냐하면 '천지일심'에서 우주만물의 창조적 변화작용이 가능하
기 때문이다.

天地萬物이 始於一心하고 終於一心하니라
천지만물이 일심에서 비롯하고 일심에서 마치느니라. 일심이
없으면 우주도 없느니라.(『도전』 2:91:2-3)

---

149 증산도 국제포교부, 『마음1 증산도, 불교편』, 60쪽.

여기서 '천지일심'은 천지의 마음이자 천지 조화주의 마음이다. "대인을 배우는 자는 천지의 마음을 나의 심법으로 삼고 음양이 사시四時로 순환하는 이치를 체득하여 천지의 화육化育에 나아간"(『도전』 4:74:11)다. 이는 곧 천지 조화주의 덕성인 '천지일심'에 합치하여 천지만물을 화육시키는 우주경영에 동참하는 것을 뜻한다.

셋째, 문명개벽의 도로서 문명조화의 도이다. 모든 사물이 제자리를 찾아 돌아가는 '원시반본'의 가을정신에 의해 유불선 삼교를 통일하는 도(관왕의 도)이다. 즉 "선불유의 근본으로서의 무극대도"(『도전』 11:410)이다. 이는 우주와 세계를 한 가족으로 만드는 우주일가와 세계일가의 "천하를 통일하는 도"(『도전』 11:29)이자 "천하를 한 집안으로 통일"(『도전』 2:19)하는 도이다.

넷째, 신도개벽의 신명조화(『도전』 2:21:2)의 도이다. 신도를 주재하는 주신인 조화수기 신명을 동일석으로 재조직하여 신명조화정부를 구성함으로써 신도세계의 조화작용이 원활하게 발현될 수 있게끔 하는 신명조화의 도이다. 왜냐하면 "크고 작은 일을 물론하고 신도神道로써 다스리면 현묘불측玄妙不測한 공을 거"(『도전』 4:5:1)둘 수 있기 때문이다. 따라서 무극대도의 해심은 서양의 기독교와 동양의 유불도 삼교를 포함한 선천시대의 모든 문화를 회통하여 후천시대의 새 자연질서에 근거한 새 문명질서를 건설하려는 데 있다. 후천개벽이 바로 그것이다. 후천개벽은 자연질서와 문명질서의 동시적 전환을 뜻한다.

2) 옥황상제

증산도는 한민족의 신교문화에서 강조하는 삼신상제관을 계승한다. 증산도의 삼신상제관에는 유불선 삼교회통의 전통이 들어 있다. 증산도는 도가와 도교의 '도道'와 '제帝'의 관계와 유교의 '천天'과 '제帝'의 관계를 동시에 하나로 융합한다. 뿐만 아니라, 증산도의 삼신상제관에는 삼일론의 사유방식에 입각하여 미륵불의 전통을 계승함으로써 불교까지도 포용하고 있다.

증산도에서 '천天'은 두 가지 의미를 함께 지닌다. '이법천'[150]과 '주재천'[151]이 바로 그것이다. '천'에 자연의 이법적 성격과 상제의 주재적 성격을 동시에 지닌 것으로 보는 사유방식이다. 이는 '이법천'과 '주재천'을 하나로 융합한 유가적 전통을 계승한

---

[150] "天者는 理也라. 昭昭之天이 合人心之天하니 理는 原於天하여 具於人心하니라. 하늘은 이치(理)이니라. 밝고 밝은 하늘이 사람 마음속 하늘과 부합하니 이치(理)는 하늘에 근원을 두고 사람의 마음에 갖춰져 있느니라."(『도전』 2:90:2)

[151] "내가 천지를 주재하여 다스리되 생장염장(生長斂藏)의 이치를 쓰나니 이것을 일러 무위이화라 하느니라."(『도전』 4:58:4)

것이다. 그러나 증산도는 다른 한편으로 도가(도교)적 전통을 계승하여 '무극대도'를 주재하는 조화주 '옥황상제'를 제시한다.

> 내가 삼계대권을 주재하여 조화造化로써 천지를 개벽하고 불로장생不老長生의 선경仙境을 건설하려 하노라. 나는 옥황상제玉皇上帝니라.(『도전』 2:16:2-3)

증산도에서 유교의 '호천상제'와 도교의 '옥황상제'는 불교의 '미륵불'(『도전』 1:2) 과 같은 존재를 다르게 표현하는 것에 지나지 않는다. 증산도에서는 미륵불을 도교에서 말하는 '선'과 결합하여 '선불'(『도전』 5:186)이라 달리 부르기도 한다. 이 점은 수운의 동학과는 크게 구별된다. 따라서 증산도에서 제帝는 옥황상제(『도전』 1:8, 1:11:12), 호천금궐 상제(『도선』 1:8), 무극상제(『도전』

금산사 미륵전(1910년대), 미륵불상(1920년대)

1:11:6), 개벽장(『도전』 4:3), 증산상제(『도전』 1:13), 인존천주(『도전』 2:39), 대선생(『도전』 2:94), 조화주(『도전』 1:16:8), 조화옹(『도전』 3:320), 천지의 원 주인(『도전』 5:18:5) 등의 다양한 칭호를 지닌다.

증산도는 한민족의 삼신상제관을 수용하여 우주만물을 주재하는 조화주를 조화주신과 조화성신의 이중적 관계로 나눈다. 그렇다면 조화주는 조화성신과 어떤 관계를 지니고 있는 것일까?

> 홀연히 열린 우주의 대광명 가운데 삼신이 계시니 삼신三神은 곧 일신一神이요 우주의 조화성신造化聖神이니라. 삼신께서 만물을 낳으시니라.(『도전』 1:1:2-3)

조화성신은 자연신으로서 '지기' 또는 '일기'로 작용하면서 우주만물의 생성과 화육을 담당한다. 조화성신은 조화원신造化元神이다. 조화원신은 일신이자 삼신으로 존재하는 조물자를 말한다. 조화신造化神과 교화신敎化神과 치화신治化神은 각기 우주만물을 창조적으로 변화시키고 가르쳐 변화시키며 다스려 변화시키는 세 가지 창조적 신성神性이다. 이 세 가지 창조적 신성은 각기 서로 따로 존재하는 것이 아니다. 하나의 신 안에 깃들어 있는 세 가지 서로 다른 신성일 뿐이다. 그러기에 삼신은 곧 일신이다.

조화신은 천일天一이고, 교화신은 지일地一이며, 치화신은 태일太一이다. 이는 우주를 구성하는 삼계—하늘과 땅과 사람—가 동일한 신성의 구조와 바탕을 지니고 있다는 말이다.[152] 다시 말해 이 세계의 모든 존재는 본질적으로 셋이면서 하나이고 하나이면서 셋을 이루는 조화신성을 지닌다.

> 이 삼신과 하나 되어 천상의 호천금궐昊天金闕에서 온 우주를 다스리시는 하느님을 동방의 땅에 살아온 조선의 백성들은 아득한 예로부터 삼신상제(삼신상제), 삼신하느님, 상제님이라 불러 왔나니 상제는 온 우주의 주재자요 통치자 하느님이니라.(『도전』 1:1:4)

조화주신은 삼신이자 일신인 조화신성을 지닌 조화원신과 한 몸이 되어 우주만물을 주재히고 통치하는 최고의 인격신인 '삼신상제'이자 '옥황상제'(『도선』 2:11:12)이다. 따라서 조화주는 모든 천지신명을 통일적으로 주관하는 조화주신造化主神이다.

주목해야 할 것은 아무리 조화주라고 할지라도 임의대로 만물을 변화시킬 수 있는 것은 아니라는 사실이다. 조화주는 조화이법과 조화일심과 조화일기와 조화신명과 하나가 되어 우 주만

물을 주재한다.

> 신도神道는 지공무사하니라. 신도로써 만사와 만물을 다스리면 신묘神妙한 공을 이루나니 이것이 곧 무위이화니라. 내가 천지를 주재하여 다스리되 생장염장生長斂藏의 이치를 쓰나니 이것을 일러 무위이화라 하느니라.(『도전』 4:58:3-4)

조화주가 조화공능에 근거하여 조화이법과 조화일심과 조화일기와 조화신명을 하나로 주재하기에 억지로 함이 없는 조화, 즉 '무위조화無爲造化'를 통해 조화세계의 통치자가 될 수 있는 것이다. 따라서 조화이법과 조화일심과 조화기운과 조화신명은 조화주의 조화성과 주재성을 중심으로 밀접한 관계를 맺고 있다.

이상에서 우리는 증산도의 제帝 안에 선천종교에서 말하는 제帝의 호칭이 모두 포괄되어 있음을 확인할 수 있다.[153] 결국 제帝는 호칭만 다를 뿐 조화주인 증산상제를 다르게 표현하는 것에 지나지 않는다. 다시 말하자면, 옥황상제는 도교에서 말하는 우주생명의 통치자를 말하고, 호천상제는 유교에서 말하는 우주생명의 주재자를 말하며, 미륵불은 불교에서 말하는 미래의 부처를 말하고, 아버지 하느님은 기독교에서 말하는 우주만물

---

[153] 안경전, 『증산도의 진리 제2강』(서울: 대원출판사,2001), 137쪽.

의 주재자이다. 증산상제와 인존천주는 인간으로 온 상제의 신원을 밝히는 표현이다. 이는 동서양의 모든 선천종교의 한계성을 비판하면서도 그 진수眞髓를 다시 포용하려는 증산도의 화해和諧의 정신이 포함되어 있다.

3) 지기至氣와 일기一氣

모든 만물이 실제로 오묘한 변화작용을 일으킬 수 있는 현실적 힘은 기氣이다. 기는 우주만물의 근원적 생명력을 뜻한다. 기가 우주생명의 통일적 조화작용을 실현할 수 있는 것은 모든 생명의 기운을 하나로 융합할 수 있기 때문이다. 이런 통일적 기운을 원기元氣나 지기至氣 또는 일기一氣라고 부른다. 인간을 포함한 우주만물은 하나의 유기적 생명체로서 통일적 관계망을 이루고 있어 한 기운으로 연결되이 있다. 왜냐하면 만불은 천지를 부모로 삼는 한 가족을 이루고 있어 '동기상응同氣相應'하는 관계에 있기 때문이다.

증산도에서 지기와 일기는 동아시아 전통사상에서 말하는 일기와 같으면서도 다르다. 왜냐하면 증산도의 지기와 일기는 우주생명의 통일적 원동력을 뜻하는 측면에서는 전통사상의 일기와 동일하지만, 그 지기 또는 일기에 신도를 주관하는 조화주의 주재작용이 포함되어 있다는 측면에서는 다르기 때문이다.

모든 생명이 생겨나고 변화할 수 있는 창조적 변화작용의 근원적 원동력은 신이다. 왜냐하면 "천지에 가득한 것이 신神이니 풀잎 하나라도 신이 떠나면 마르고 흙바른 벽이라도 신이 떠나면 무너지고, 손톱 밑에 가시 하나 드는 것도 신이 들어서 되느니라. 신이 없는 곳이 없고 하지 않는 일이 없"(『도전』 4:62:4-6)기 때문이다. 신의 조화작용은 너무도 오묘하고 신묘하여 그 무엇이라 이름할 수 없다는 측면에서 '신령함'(靈)이라 부른다.

그런데 일기(지기)에는 우주만물의 신묘한 변화작용을 일으키는 신명조화의 영성이 깃들어 있다.

文則天文이니 文有色하고 色有氣하고 氣有靈이라
氣靈不昧하여 以具衆理而應萬事하니라.
문文은 천문이니 문에는 색色이 있고 색에는 기氣가 있고 기에는 영靈이 있느니라. 기의 신령함(기속의 영)은 어둡지 않아 모든 이치를 갖추어 만사에 응하느니라.(『도전』 8:25:2)

지기와 일기에는 기氣로 변화하는 '신묘함'(神)과 '신령함'(靈)이 들어 있기 때문에 모든 일에 감응작용을 할 수 있다. 즉 모든

생명이 조화작용을 수행하는 것은 바로 '기화신령氣化神靈'의 작
용에 의한다.

一氣貫通하니 萬里昭明하고 三才俱得하니 兆民悅服이라
천지의 한 조화기운 관통하니 온 천하가 밝아지고 삼재三
才를 모두 득도하니 억조창생 기뻐 감복하는구나.(『도전』
2:57:3)

조화의 무극대도와 조화주인 제帝를 연결시키는 매개 고리
는 바로 지기와 일기의 조화작용이 있기 때문에 가능하다. 앞서
살펴본 것처럼, 증산도에서 우주만물을 생겨나게 하고 변화시키
는 무형의 조물주는 바로 조화원신이다.

조화원신은 천지만물의 존재근원으로서 온갖 신묘한 변화
작용을 일으키는 기氣의 신령함으로 존재한다. 이런 의미에서
조화원신을 '조화성신' 또는 '조화성령'이라 부르기도 한다. 조물
주인 원신은 바로 '일기一氣'와 '지기至氣'의 조화작용을 통해 자
신을 드러내는데, 우주만물을 창조적으로 변화시키고 교화시킬
뿐만 아니라 다스리는 세 가지 역할을 동시에 수행한다.

4) 도道와 기氣와 제帝

증산도에서 무극대도와 일기(지기)와 상제는 매우 밀접한 연관관계를 이루고 있다. 조화주 증산상제는 조화의 도인 무극대도를 바탕으로 신도를 주재하면서 우주생명을 주재하고 통치한다. 증산상제는 인간사회의 문명질서를 포함한 우주만물의 자연질서를 주관하는 무극대도의 주재사인 옥황상제를 말한다.

앞서 언급한 것처럼, 증산상제는 우주만물을 '무위이화'로 주재한다. 인간으로 강세한 증산상제는 천도와 지도와 인도와 신도를 하나로 통합하는 신묘불측神妙不測한 무극대도를 가지고 선천의 상극적 우주문명을 후천의 상생적 우주문명으로 전환할 수 있는 새로운 우주문명의 기틀을 만들었다. '천지공사'가 바로 그것이다. 천지공사란 삼계대권의 조화권능을 지닌 우주생명의 조화주가 우주만물의 자연질서와 인간사회의 문명질서를 동시에 전환시키려는 새 조화문명의 설계도이다. 이런 측면에서 볼 때, 천지공사는 조화공사라고 부를 수 있다.

후천의 조화문명은 인간의 창조적 조화능력을 토대로 현실화될 것이다. 문제는 인간이 조화주를 어떻게 모실 수 있는가 하는 데 있다. 왜냐하면 '시천주'는 인간이 조화를 확립할 수 있는 '조화정'의 실현근거이기 때문이다. "시천주侍天主 조화정造化定"(『도전』 4:141:3)이란 말처럼, "조화는 시천주주 속에"(『도전』 11:193:7) 들어 있다. 따라서 조화주를 자각하고 받들어 섬기는 일은 바로 인간이 자신의 조화본성을 깨달아서 그 조화작용을 온전하게 실현할 수 있는 자기실현, 즉 '성통공완性通功完'의 지름길이다. 이는 인간이 연속적 변화의 도상에 있는 우주의 조화과정에 공동 참여자가 되는 길이기도 하다. 우주의 조화과정에 공동 참여자가 되는 것이야말로 곧 인간의 존엄성이며 숭고함이다.[154]

증산도의 도와 제의 관계는 기존의 도와 제의 관계와는 구별되는 매우 독특한 특성을 지니고 있다. 첫째, 증산도의 도는 서양의 기독교를 포함한 기존의 유불도의 삼교에서 말하는 도를 초월하면서도 포함하는 무극대도다. 무극대도는 '신도'를 중심으로 유교의 '도덕의 도'와 불교의 '마음의 도'와 도교의 '자연의 도'를 하나로 포함하는 것으로 우주생명의 성숙과 완성을 지향하는 '관왕冠旺의 도'이다.

둘째, 증산도의 제는 다양한 이칭을 지니고 있다. '삼신상제' '옥황상제', '증산상제', '호천상제', '선불', '미륵불', '서신' 등이다.

---

154 오영환 옮김, 『화이트헤드와의 대화』(서울: 궁리, 2006), 637쪽.

증산도의 제帝가 다양한 이칭을 지니고 있지만, 그 핵심은 우주의 주재자가 무극대도의 조화주이자 신천지의 개벽장임을 강조하는 데 있다. 중요한 것은 제가 단순히 천상의 옥황상제가 아니라 이 땅에 사람의 몸을 지니고 태어난 인존상제라는 사실이다. 여기에는 매우 중요한 의미가 담겨 있다. 지난날의 인간역사는 인간이 모든 것을 하늘과 땅의 뜻에 따라 살던 '천존시대'와 '지존시대'였다.

그러나 우리가 살고 있는 이 시대는 바로 '인존시대'(『도전』 2:22:2)이다. 이는 하늘과 땅보다 인간의 역할이 더 중요한 시대라는 뜻이다. 그것은 우주생명의 주재자가 인간으로 강세하여 천지 사이에 존재하는 인간의 본질적 의미인 '중통인의中通人義'(『도전』 2:22:3)를 제시함으로써 인간이 새 하늘 새 땅 새 세상을 열 수 있는 후천개벽의 창조적 주체임을 극명하게 제시하였기 때문이다. 따라서 인간이 자기공부를 통해 우주만물과 하나가 되는 '도통道通'의 경지에 이를 수 있다면, 모든 것을 자기 뜻대로 할 수 있는 절묘한 조화경지에 도달할 수 있다.

셋째, 증산도의 도와 제의 관계는 신명조화를 발현하는 지기와 일기를 중심으로 이루어진다. 신명조화의 지기와 일기는 무궁무진한 조화력을 지니고 있다. 지기와 일기의 기화작용의 근거는 바로 안으로 신묘함과 신령함이 있기 때문에 가능하다. 즉 조물주로서 원신元神이 있기 때문에 현실화될 수 있다. 그러나 주목해야 할 것은 조물주와 짝을 이루는 조화주의 주재함이 있기 때문에 우주만물이 제자리와 제 모습을 찾을 수 있다는 사실이다. 조화주로서의 '무극신'은 다양한 신을 통일하여 천지만물의 조화세계를 열 수 있는 현실적 원동력이다.

이상에서 살펴본 것처럼, 증산도에서 도道는 천지조화의 존재근거인 무극대도이고, 제帝는 천지조화의 도인 무극대도에 의거하여 우주만물을 주재하는 조화권능을 지닌 조화주이다. 무극대도와 옥황상제는 '지기至氣'와 '일기一氣'를 매개로 떨어지려야 떨어질 수 없는 오묘한 관계를 이룬다. 왜냐하면 무극대도와 지기는 옥황상제에 의해 주재되고, 옥황상제는 무극대도와 지기를 근거로 우주만물을 주관하기 때문이다. 따라서 증산도에서 도道와 기氣와 제帝는 삼위일체적 연관관계를 이룬다. 증산도는 삼자의 관계를 통해 자연과 문명이 새롭게 소통될 수 있는 새 생명의 다리를 놓음으로써 인류의 영원한 꿈인 신천지를 열려고 한다.

삼신상제님께 천제를 올렸던 강화도 마리산 참성단(위)
원구단 전경(아래). 1897년에 고종황제가 국호를 "대한제국"으로 바꾸면서 원구단을
만들고 상제님께 천제를 올렸다. 동방의 상제문화를 회복하려는 고종황제의 의지였다.

Chapter 6

대도문화大道文化와
상제문화上帝文化의 복원을 위하여

　　지금까지 우리는 잃어버린 대도문화와 상제문화를 새롭게
복원하기 위하여 도가와 도교, 동학, 증산도에 이르는 기나긴 여
정을 우주만물의 궁극적 존재근거와 그것을 주관하는 주재자
의 관계를 중심으로 살펴보았다. 양자의 관계는 크게 두 가지 관
계로 집약된다. 하나는 천天과 제帝의 관계이고, 다른 하나는 도
道와 제帝의 관계이다. 전자는 주로 유가를 중심으로 전개되었
고, 후자는 주로 도가와 도교를 중심으로 발전되었다. 송대에 이
르러 양자의 관계를 일치시키려는 노력이 제기되었으나, 끝내 불

발로 끝나고 말았다.

그러나 이런 문제의식에 새로운 물꼬를 트는 일이 조선 후기 한국사상사에서 일어난다. 한국사상사에서 도와 제의 관계를 중요한 문제로 부각시킨 것은 일부의 『정역』과 수운의 동학이다. 일부는 『정역』에서 양자의 관계를 주로 역철학적 관점에서 해명한다. 반면, 수운의 동학은 천상의 주재자인 상제와의 직접적인 만남을 통해 양자의 관계문제를 제기한다는 점에서 아주 이채롭다.

일부와 수운이 제시한 우주만물의 존재근원과 주재자의 관계는 인류문명사를 어떻게 새롭게 전환할 수 있는가 하는 문제와 아주 밀접하게 맞물려 있다. 이 문제는 선천의 상극문명을 그 뿌리에서부터 반성하고 후천의 상생문명을 건설하려는 후천개벽의 핵심과제로 등장한다.

일부는 『정역』을 통해 『주역』과는 다른 새로운 역철학적 관점에서 갖가지 기묘한 변화를 주재하는 조화옹 화무상제가 제시한 선후천 변화원리를 후천의 도道에 입각하여 밝히고 그 우주사적 의미를 정리했다. 그리하여 그는 이런 선후천의 변화원리에 의해 후천의 이상낙원이 인간의 주체적 노력에 의해 완성

될 것이라는 점을 역설하였다.[155]

수운은 천주(상제)의 가르침을 받는 신비체험을 바탕으로 '무극대도'를 제시하고 '다시 개벽'을 통해 지상 신선세계를 열고자 하였다. 수운 상제관의 뚜렷한 특성은 무극대도와 천주(상제)와 지기의 삼자 관계를 문제로 제기한 데 있다. 특히 주목해야 할 것은 수운이 천주학에서는 찾아볼 수 없는 동아시아 철학의 주요한 특성인 '기화신령'의 문제를 제시한다는 점이다.

한민족의 삼신상제관을 적극적으로 받아들여 천과 제의 관계뿐만 아니라, 도와 제의 관계에 새로운 이정표를 보여준 것은 증산도이다. 수운의 동학과 증산도가 모두 무극대도와 옥황상제의 관계를 제시하고 있다는 측면에서는 동일하다. 동학이든 증산도이든 새 개벽세상을 열 수 있는 도는 무극대도이고, 그 무극대도를 주재하는 도의 주인은 옥황상제이다. 하지만 동학과 증산도에서 말하는 무극대도와 옥황상제는 같으면서도 서로 다른 측면이 있다.

동학의 도道와 증산도의 도道는 모두 무극대도를 지향하고 있지만, 양자의 도는 그 성격이 구별된다. 동학의 도(선)가 서학

---

155 『정역』「포도시」. "靜觀宇宙無中碧, 誰識天工待人成!"; 『정역』「십일귀체시」. "誰遺龍華歲月今!"

과 유불선 삼교를 하나로 융합하는 종합적인 성격을 지니면서
도 유교의 틀에서 크게 벗어나지 못하는 한계점을 드러낸다. 그
리고 동학의 도에는 불교의 성격이 뚜렷하게 드러나지 않는다.
반면, 증산도의 도(선)는 유와 불과 선을 포함하면서도 초월하
는 새로운 선을 추구한다. 또한 삼도를 통일한 증산도의 무극대
도(선)는 서도와 동도를 포함하면서도 초월하는 도이다. 즉 동서
문명의 회통을 꾀하려는 도이다.

동학의 제帝와 증산도의 제帝는 다 같이 우주만물의 주재자
인 옥황상제를 강조하고 있다는 측면에서는 같다. 하지만 동학
의 제가 천상의 주인인 옥황상제로 설정되고 있는 반면에 증산
도의 제는 그 천상의 주인이 직접 인간 세상에 내려왔다는 점에
서 다르다. 그리고 증산도의 제는 동학의 제와 비교하여 볼 때
여러 가지 다양한 호칭을 지니고 있다는 점이 주목된다. 증산도
의 주재자는 미륵불로서 선과 결합된 선불이라는 점이 무척 이
채롭다. 증산도는 불교에 대한 논점이 뚜렷하지 않는 동학과는
달리 조선 민중들의 간절한 소망을 담고 있는 미륵불교까지도
적극적으로 수용하고 있다.

참고문헌

1. 경전류

증산도도전편찬위원회 편, 『도전』, 서울: 대원출판사, 2003.
한국학문헌연구소 편, 『동경대전』, 서울: 아세아문화사, 1978.
한국학문헌연구소 편, 『용담유사』, 서울: 아세아문화사, 1978.
한국학문헌연구소 편, 『최선생문집도원기서』, 서울: 아세아문화사, 1978.
이석명, 『노자도덕경하상공장구』, 서울: 소명출판사, 2005.
樓宇烈, 『老子周易王弼注校釋』, 臺北: 華正書局, 1983.
郭慶藩, 『莊子集釋』, 北京: 中華書局, 1978.
顧寶田·張忠利注譯, 『老子想爾注』, 臺北: 三民書局, 1997.
饒宗頤, 『老子想爾校證』, 上海: 上海古籍出版社, 1991.
王明編, 『太平經合校』, 北京: 中華書局, 1992.
王德有點校, 『老子指歸』, 北京: 中華書局, 1994.
王卡點校, 『老子道德經河上公章句』, 北京: 中華書局, 1993.
陳奇猶校釋, 『呂氏春秋校釋』, 北京: 學林出版社, 1984.
劉文典, 『淮南鴻烈集解』, 北京: 中華書局, 1989.
『道藏』, 北京: 文物出版社外, 1988.
『藏外圖書』, 北京: 巴蜀書社, 1992.
『雲級七籤』, 北京: 華夏出版社, 1996.
『朱了語類』, 北京: 中華書局, 1993.
本田二郎, 『周禮通釋』, 東京: 秀英出版社, 1996.

2. 단행본

갈조광, 심규호 옮김, 『도교와 중국문화』, 서울: 동문선, 1993.
김교빈 외, 『기학의 모험1』, 서울: 들녘, 2004.
김낙필, 『조선시대의 내단사상』, 서울: 대원출판사, 2005.
김삼용, 『한국 미륵신앙의 연구』, 서울: 동화출판공사, 1987.

김상일, 『동학과 신서학』, 서울: 지식산업사, 2000.

김상일, 『수운과 화이트헤드』, 서울: 지식산업사, 2001.

김승혜외, 『도교와 그리스도』, 서울: 바오로딸, 2003.

김영일, 『정약용의 상제사상』, 서울: 경인문화사, 2003.

김용옥, 『도올심득 동경대전1』, 서울: 통나무, 2004)

김용휘, 『우리 학문으로서의 동학』, 서울: 책세상, 2007.

김인환, 『동학의 이해』, 서울: 고려대출판부, 1994.

김일권, 『인간의 역사』, 서울: 예문서원, 2007.

김일권, 『하늘의 역사』, 서울: 예문서원, 2007.

김정현, 노영균 옮김, 『정역주의』, 대전: 아람, 2004.

김주성, 『정역집주보해』, 서울: 신역학회, 1999.

김지하, 『동학이야기』, 서울: 솔, 1999.

김홍철, 『증산교사상연구』, 이리: 원광대출판국, 2000.

구보 노리타다, 이정환 옮김, 『도교의 신과 신선 이야기』, 서울: 뿌리와
    이파리, 2004.

금장태, 『귀신과 제사-유교의 종교적 세계』, 서울: 제이앤씨, 2009.

막스 칼텐마르크, 장원철 옮김, 『노자와 도교』, 서울: 까치1993.

미우라 쿠니오, 김영식외 옮김, 『인간 주자』, 서울: 창작과 비평사, 1996.

박희병, 『한국의 생태사상』, 서울: 돌베개, 1999.

손찬식, 『조선조 도가의 시문학 연구』, 서울: 국학자료원, 1995.

섭서헌, 노승현 옮김, 『노자와 신화』, 서울: 문학동네, 2003.

스탠리 그렌츠외, 신재구 옮김, 『20세기 신학』, 서울: 2000, 한국기독학
    생회출판부.

시라카와 시즈카, 김옥석 옮김, 『갑골문의 세계』, 서울: 연희, 1981.

신복룡, 『동학사상과 갑오농민혁명』, 서울: 평민사, 1985.

신용하, 『동학과 갑오농민전쟁 연구』, 서울: 일조각, 1993.

신일철, 『동학사상의 이해』, 서울: 사회비평사, 1995.

오문환, 『사람이 하늘이다』, 서울: 솔, 1996.

윤석산주해, 『동경대전』, 서울: 동학사, 2004.

윤석산주해, 『용담유사』, 서울: 동학사, 1999.

윤석산, 『초기 동학의 역사』, 서울: 신서원, 2000.

윤종빈, 『정역과 주역』, 대전: 상생출판, 2009.

윤찬원, 『도교철학의 이해-태평경의 철학체계와 도교적 세계관』, 서울:
    돌베개, 1998.

원정근, 『도가철학의 사유방식』, 서울: 법인문화사, 1997.
안경전, 『증산도의 진리 제2강』, 서울: 대원출판사, 2001.
안경전, 『개벽 실제상황』, 서울: 대원출판사, 2005.
이규성, 『생성의 철학 왕선산』, 서울: 이화여대출판부, 2001.
이능화, 이종은 옮김, 『조선도교사』, 서울: 보성문화사, 1990.
이석호, 『이태백과 도교』, 서울: 집문당, 1981.
이원국, 김낙필외 옮김, 『내단』, 서울: 성균관대출판부, 2006.
이용주, 『도, 상상하는 힘』, 서울: 이학사, 2003.
이정호, 『정역과 일부』, 서울: 아세아문화사, 1994.
이정호, 『정역연구』, 서울: 아세아문화사, 1994.
이정호, 『주역정의』, 서울: 아세아문화사, 1994.
이정호, 『제3의 역학』, 서울: 아세아문화사, 1994.
조동일, 『한국의 문학사와 철학사』, 서울: 지식산업사, 1997.
조셉 켐벨, 이윤기 옮김, 『신화의 힘』, 서울: 이끌리오, 2007.
장립문, 권호 옮김, 『도』, 서울: 동문선, 1995.
장지훈, 『한국 고대 미륵신앙 연구』, 서울: 집문당, 1997.
정재서, 『도교와 문학 그리고 상상력』, 서울: 푸른숲, 2000.
정재서, 『불사의 신화와 사상』, 서울: 민음사, 1994.
정재서, 『한국 도교의 기원과 역사』, 서울: 이화여자대학출판부, 2006.
정재서, 『정재서 교수의 이야기 동양신화 2』, 서울: 황금부엉이, 2004.
정재서, 『사라진 신들과의 교신을 위하여』, 서울: 문학동네, 2007.
정재서외, 『한국 전통사상의 특성 연구』, 서울: 한국정신문화연구원,
    1995.
증산도 국제포교부, 『마음1 증산도, 불교편』.
진래, 안재호 옮김, 『송명성리학』, 서울: 예문서원, 1997.
진래, 이종란외 옮김, 『주희의 철학』, 서울: 예문서원, 2002.
진래, 전병욱 옮김, 『양명철학』, 서울: 예문서원, 2003.
표영삼, 『수운의 삶과 생각 동학1』, 서울: 통나무, 2004.
프랑스와 줄리앙, 유병태 옮김, 『운행과 창조』, 서울:케이시, 2003.
프랑스와 줄리앙, 박희영 옮김, 『사물의 성향』, 서울:한울, 2009.
최창록, 『한국도교문학사』, 서울: 국학자료원, 1997.
한형조, 『주희에서 정약용으로』, 서울: 세계사, 2002.
화이트헤드, 오영환 옮김, 『화이트헤드와의 대화』, 서울: 궁리, 2006.
郭沂, 『郭店竹簡與先秦學術思想』, 上海: 上海教育出版社, 1999.

金晟煥, 『黃老道探源』, 北京: 中國社會科學出版社, 2008.

孔令宏, 『宋明道敎思想硏究』, 北京: 宗敎文化出版社, 2002.

橋本敬造, 『中國占星術の世界』, 東京: 東方書店, 1999.

詹石窗, 『道敎文化十五講』, 北京: 北京大學出版社, 2003.

馬書田, 『中國道敎諸神』, 北京: 團結出版社, 1996.

文史知識編輯部, 『道敎與傳統文化』, 北京: 中華書局, 1992.

方勇, 『莊學史略』, 成都: 巴蜀書社, 2008.

方勇, 『莊學史』, 北京: 人民出版社, 2008.

蜂屋邦夫, 欽偉剛譯, 『金代道敎研究』, 北京: 中國社會科學出版部, 2007.

福永光司, 『道敎思想史研究』, 東京: 岩波書店, 1988.

福井文雅, 『道敎の歷史と構造』, 東京: 五曜書房, 1999.

淺野裕一, 『古代中國の宇宙論』, 東京: 岩波書店, 2006.

四川大學宗敎研究所編, 『道敎神仙信仰研究』, 北京: 人民出版社, 2000.

小林正美, 『六朝道敎史研究』, 東京: 創文社, 1990.

小林正美, 『中國の道敎』, 東京: 創文社, 1998.

孫熙國, 『先秦哲學的意蘊』, 北京: 華夏出版社, 2006.

申喜萍, 『南宋金元時期的道敎文藝美學思想』, 北京: 中華書局, 2007.

丁培仁, 『求實集』, 四川: 巴蜀書社, 2006.

丁四新, 『郭店楚墓竹簡』, 北京: 東方出版社, 2000.

鄭世根, 『莊子氣化論』, 臺北: 學生書局, 1993.

陳德安, 『中國道家道敎敎育思想史』, 北京: 社會科學文獻出版社, 2008.

陳霞, 『道敎勸善書研究』, 成都: 巴蜀書社, 1999.

王卡主編, 『道敎三百題』, 上海: 上海古籍出版社, 2000.

王暉, 『商周文化比較研究』, 臺北: 中華道統出版社, 2000.

熊玉蓮外編, 『佩戴器編』, 南昌: 江西美術出版社, 2008.

熊鐵基外主編, 『道敎文化十二講』, 合肥: 安徽敎育出版社, 2004.

李剛, 『何以中國根柢全在道敎-』, 成都: 四川出版集團, 2008.

李少光, 『中國先秦之信仰與宇宙論-以《太一生水》爲中心的考察-』, 成都:巴蜀書社, 2009.

李少光, 『中國先秦之信仰與宇宙論-以乙《太一生水》爲中心的考察-』, 成都:巴蜀書社, 2009.

任繼愈主編, 『中國道敎史』, 上海: 上海人民出版社, 1990.

赤峰學院紅山文化國際研究中心編, 『紅山文化研究』, 北京: 文物出版社, 2006.

『中國道敎』, 上海: 東方出版中心, 1996.
中國道敎協會道敎文化硏究所外合編, 『道敎敎義的現代闡釋』, 北京: 中
    國宗敎文化出版社, 2003.
湯一介, 『早期道敎史』, 北京: 崑侖出版社, 2006.
湯一介, 『中國宗敎: 過去與現在』, 北京: 北京大學出版社, 1992.
崔大華, 『道家與中國文化精神』, 鄭州: 河南人民出版社, 2003.
胡孚琛, 『魏晋神仙道敎』, 北京: 人民出版社, 1989.

3. 논문

강돈구, 「미륵신앙과 미륵대도」, 『신종교연구』제4집, 서울: 한국신종교학
    회, 2001.
김경탁, 「동학의 『동경대전』에 관한 연구-그 주요개념의 분석과 화합」
    『아세아연구』41호, 서울: 아세아문제연구소.
김경재, 「최수운의 신개념」, 『동학사상과 동학혁명』, 청아출판사, 1984.
김낙필, 「증산사상과 도교」, 『도교문화연구』16집, 한국도교문화학회,
    2002.
김성환, 「한국 도교의 자연관-선교적 자연관의 원형과 재현」, 『한국사상
    사학』제23집, 한국사상사학회, 2004.
김성환, 「황로도 연구-사상의 기원과 사조의 계보」, 『도교문화연구』 제
    27집, 한국도교문화학회, 2008.
김용환, 「후천개벽의 미륵신앙에 관한 연구」, 『신종교연구』제6집, 서울:
    한국신종교학회, 2002.
김용휘, 「수운 최제우의 시천주 사상-천관을 중심으로-」, 『수운 최제
    우』, 예문서원, 2005.
김용휘, 「한국선도의 전개와 신종교의 성립」, 『동양철학연구』, 동양철학
    연구회, 2008.
김춘성, 「동학 천도교의 수련과 영성」, 한양대 박사논문, 2008.
김현일, 「강증산과 동학」, 『증산도사상』제5집, 대전: 증산도사상연구소,
    2001.
김형효, 「데리다를 통해 본 노장의 사유문법」, 『노자에서 데리다까지』,
    예문서원, 2001.
민영현, 「한국 선과 증산사상의 특징 및 도교성에 대해-한국인의 생
    명사상을 중심으로-」, 『도교문화연구』제26집, 한국도교문화학회,

2007.

박경환, 「동학의 신관-주자학적 존재론의 극복을 중심으로-」, 『동학과 동학경전의 재인식』, 신서원, 2001.

박학래, 「천인지제- 인간 삶의 지표와 이상」, 『조선 유학의 개념』, 예문서원, 2002.

백태현, 「금산사 미륵신앙 전통에 관한 연구」, 원광대 교육대학원 석사논문, 1999.

장정태, 「일제하 신흥종교 연구: 강증산의 미륵신앙을 중심으로」, 동국대 교육대학원 석사논문, 1996.

정재서, 「한국도교의 고유성-중국도교와의 대비적 고찰 」, 『한국 전통사상의 특성 연구』, 한국정신문화연구원, 1995.

오인제, 「증산도 선후천론에 대한 현대적 이해」, 『증산도사상』창간호, 대전: 증산도사상연구소, 2000.

유권종, 「다산 정약용의 상제관」, 『다산학보』7, 1985.

윤석산, 「동학에 나타난 도교적 요소」, 『도교사상의 한국적 전개』, 아세아문화사, 1989.

이강오, 「한국 신흥종교에서 보는 도교와 불로장생」, 『도교사상의 한국적 전개』, 범양사, 1987.

이재헌, 「한국신종교의 삼교합일유형에 관한 연구」, 한국정신문화연구원 석사논문, 1990.

이찬구, 「동학의 천도관 연구」, 대전대 박사논문, 2005.

임태홍, 「동학신관의 형성과정 연구」, 성대 유학대학원 석사논문, 1994.

이봉호, 「『황정경』의 존상신신법과 화려한 몸 속 세상」, 『동양철학』제30집, 동양철학회, 2008.

원정근, 「왜 노장의 생명사유인가」, 『전통사상과 환경』, 경기대학교 소성학술연구원, 2004.

원정근, 「모순과 역설로 보는 『장자』철학의 특성」, 『철학연구』 제22집, 고려대 철학연구소, 1994.

최정규, 「증산도와 미륵신앙」, 『증산도사상』제3집, 대전: 증산도사상연구소, 2000.

최진덕, 「다산학의 상제귀신론과 그 인간학적 의미-주자학의 음양귀신론과의 한 비교-」, 『철학사상』, 서울: 서울대 철학사상연구소, 2009.

卿希泰, 「道與三淸關係芻議」, 『道敎神仙信仰硏究 上』, 四川大學宗敎硏究所編, 2000.

蓋建民, 「玉淸與玉三淸關係考略」, 『道敎神仙信仰硏究 上』, 四川大學宗敎硏究所編, 2000.

范恩君, 「神仙信仰及其當代觀察」, 『道敎敎義的現代闡釋』, 中國宗敎文化
    出版社, 2003.

石衍豊, 「道敎的三淸尊神和玉皇大帝」, 『道敎神仙信仰硏究 上』, 四川大
    學宗敎硏究所編, 2000.

呂鵬志, 「元始天尊名號考論」, 『道敎神仙信仰硏究 下』, 四川大學宗敎硏
    究所編, 2000.

劉堯漢, 「中國歷代"太一神"與彝族虎圖騰」, 『中國宗敎: 過去與現在』,
    北京大學出版社, 1992.

尹志華, 「玉皇信仰考」, 『道敎神仙信仰硏究 上』, 四川大學宗敎硏究所編,
    2000.

李遠國, 「三淸玉皇信仰略考」, 『道敎神仙信仰硏究 上』, 四川大學宗敎硏究
    所編, 2000.

周厚全, 「玉皇大帝之信仰與三淸關係之硏究」, 『道敎神仙信仰硏究 上』, 四
    川大學宗敎硏究所編, 2000.

丁培仁, 「三淸, 玉皇原起考」, 『道敎神仙信仰硏究 上』, 四川大學宗敎硏究
    所編, 2000.

福永司光, 「昊天上帝, 天皇大帝和元始天尊-儒敎的最高神和道敎的最高
    神-」, 『道家文化硏究』第5輯, 上海古籍出版社, 1994.

天地三界十方萬靈真宰

찾아보기

일기 13, 54, 112, 115, 116, 117,
    118, 120, 121
일부 16, 69, 71, 124
일신 112, 113

ㅈ

자기조화 108
자연개벽 106
자연성 11, 24
자연신 94, 95, 103
자연질서 14, 15, 18, 118
자연판 14
장각 36, 37, 38, 43
장도릉 43
장릉 36, 38
장자 11, 29, 30, 31, 32, 33
재적 본성 10
정기 33
정약용 14
정얼 16, 69, 70, 124
정원 46
정현 22
제 10, 11, 14, 15, 17, 21, 22,
    25, 31, 41, 57, 70, 72,
    104, 110, 111, 114, 117,
    120, 121, 123, 126
제향 31
조물자 94, 112
조물주 117, 121

조상신 21
조양율음 71
조현랑 39, 61
조화 17, 97, 104, 105, 106,
    108, 117, 118, 119
조화경지 120
조화공능 71
조화공사 118
조화권능 17, 94, 106, 118, 121
조화기운 107
조화력 17, 120
조화문명 98, 118
조화사상 80
조화선경 17, 18
조화성 11, 114
조화성령 117
조화성신 112, 117
조화세계 114
조화세상 70
조화신 12, 112, 113
조화신명 113, 114
조화신성 113
조화옹 71, 90, 112, 124
조화원신 112, 113, 117
조화이법 113, 114
조화일기 113, 114
조화일신 113, 114
조화작용 105, 109, 117